Supera cada problema

JOYCE MEYER

Supera cada problema

40 PROMESAS DE LA PALABRA DE DIOS PARA FORTALECERTE A TRAVÉS DE LOS DESAFÍOS DE LA VIDA

ORIGEN

Penguin
Random House
Grupo Editorial

Título original: *Overcoming Every Problem*

Primera edición: octubre de 2024

Esta edición es publicada bajo acuerdo con
Faith Words, una división de Hachette Book Group, Inc., USA.

8950 SW 74th Court, Suite 2010
Miami, FL 33156

Traducción: Daniel Esparza

Impreso en Colombia / *Printed in Colombia*

ISBN: 978-1-64473-964-8

25 26 27 28 29 10 9 8 7 6 5 4 3 2

Contenido

Introducción 9

1. La Palabra de Dios enseña la verdad 13
2. La Palabra de Dios es vida, curación y salud para todos los que la encuentran . . . 17
3. La Palabra de Dios sana y libera 23
4. La Palabra de Dios nos protege 27
5. Meditar en la Palabra de Dios trae sabiduría, prosperidad y éxito 32
6. La Palabra de Dios trae estabilidad, fecundidad y prosperidad 37
7. La Palabra de Dios sostiene, guía, mantiene e impulsa el universo 43
8. La Palabra de Dios tiene el poder de crear . . 47
9. La Palabra de Dios trae bendición a quienes ordenan su conducta y conversación según ella 53

10. La Palabra de Dios limpia y purifica 59
11. La Palabra de Dios reduce nuestra capacidad de pecar y nos fortalece contra la tentación . . 63
12. La Palabra de Dios nos renueva y reaviva . . . 68
13. La Palabra de Dios nos permite caminar en libertad y a gusto 73
14. La Palabra de Dios está llena de promesas de su misericordia y su gracia 77
15. La Palabra de Dios nos da buen juicio, sabio y recto discernimiento, y conocimiento 82
16. La Palabra de Dios es mejor que miles de piezas de oro y plata 86
17. La Palabra de Dios nos hace más sabios que nuestros enemigos 91
18. La Palabra de Dios nos ilumina y nos muestra cómo vivir 96
19. La Palabra de Dios cumple el propósito de Dios 100
20. La Palabra de Dios nos da esperanza 104
21. La Palabra de Dios ilumina y disipa las tinieblas 109
22. La Palabra de Dios nos orienta y muestra qué hacer 114
23. Jesús es la Palabra 119

24. La Palabra de Dios, implantada en nuestros corazones, tiene el poder de salvar nuestras almas 123
25. La Palabra de Dios nos fortalece 128
26. La Palabra de Dios derrite el corazón duro . . 134
27. La Palabra de Dios a menudo trae persecución. 139
28. La Palabra de Dios nos transforma a su imagen. 144
29. La Palabra de Dios es un arma contra el diablo y una armadura que nos protege en la guerra. 149
30. La Palabra de Dios renueva nuestra mente . . 155
31. La Palabra de Dios destruye las fortalezas mentales y nos enseña la verdad 160
32. La Palabra de Dios divide alma y espíritu . . . 165
33. La Palabra de Dios nos reconforta y consuela 170
34. La Palabra de Dios nos ayuda a ver el error de nuestros caminos y a girar en la dirección de Dios 175
35. La Palabra de Dios nos hace tener alegría incluso en medio de nuestros problemas y angustias 180

36. La Palabra de Dios nos da una gran paz. . . . 185
37. La Palabra de Dios en nuestros corazones nos hace victoriosos sobre el maligno 190
38. Nacemos de nuevo por la Palabra viva y duradera de Dios 195
39. La Palabra de Dios es una buena noticia y perdura para siempre 199
40. La Palabra de Dios contiene un poder autocumplido 204

Conclusión 209
Sobre la autora. 215

Introducción

La Palabra de Dios, la Biblia, me ha ayudado a superar muchos problemas y ha cambiado mi vida y la vida de millones de personas. Jesús es el Verbo hecho carne que vino a habitar en la tierra, entre nosotros (Juan 1:14). Vino a salvarnos de nuestros pecados y a darnos una vida abundante llena de todas las bendiciones que podamos imaginar (Mateo 1:21; Juan 10:10). Siempre supe que Jesús murió para salvarme de mis pecados, pero no sabía que también había muerto para que yo tuviera una vida abundante, una vida que pudiera disfrutar.

La Palabra de Dios hace muchas cosas por nosotros si la estudiamos, creemos en ella y la aplicamos a nuestras vidas. La gente termina destruida por falta de conocimiento (Oseas 4:6). He estudiado la Palabra de Dios por más de cuarenta años, y ha sido el mejor uso que le he podido dar a mi tiempo. Hoy, me asombro de todo lo que no sabía en mis primeros años como cristiana y que, por lo tanto, no podía aplicar a mi vida. En aquellos días iba a la iglesia cada semana, pero no estudiaba la Palabra de Dios por mí misma. Pasar tiempo por nuestra cuenta estudiando la Palabra de Dios es necesario para que crezcamos en nuestra fe. Escuchar a otros enseñar la Palabra de Dios es importante también, pero estudiarla por nosotros mismos es lo que la planta profundamente en nuestros corazones.

Tuve muchos comportamientos erráticos en mi vida debido a los abusos sexuales de mi padre y al hecho de que mi madre permitió esos abusos, pero Dios ha sanado mi alma herida a través del poder de Su Palabra. Tal vez tú también has sido herido de diversas maneras. No importa qué haya causado tu dolor o cuán profundas sean tus heridas, puedo asegurarte que Dios también te sanará y te enseñará cómo ser un vencedor si se lo pides y aplicas Su Palabra a tu vida. Juan 8:31-32 dice que, si permanecemos en la Palabra de Dios, conoceremos la verdad y la verdad nos hará libres. Sin embargo, solo leerla no nos hace libres; debemos aplicarla y hacer lo que nos indica hacer.

Un buen ejemplo es el tema de perdonar a quienes nos han hecho daño. Jesús dice que debemos perdonar a nuestros enemigos, rezar por ellos y bendecirlos (Mateo

5:44; Lucas 6:27-28). Esto parece injusto, y es emocionalmente difícil, por lo que la mayoría de la gente simplemente no lo hace. Puede que alguien que te ha hecho daño no merezca tu perdón, pero tú mereces la paz. Perdonarle te dará paz. Muchas personas están llenas de amargura, resentimiento y falta de perdón, lo cual abre una puerta para que el enemigo, Satanás, entre en sus vidas y traiga destrucción. Ellos pueden estar familiarizados con la Palabra, pero debido a que no están dispuestos a aplicarla, no les traerá la libertad y sanidad que necesitan.

Dios siempre nos muestra lo que tenemos que hacer y nos da la fuerza y el valor para hacerlo. Sin embargo, tenemos que actuar en consecuencia. Él no nos obligará a hacer las cosas a Su manera, porque nos ha dado libre albedrío. Mi oración es que al ver en este libro todas las cosas maravillosas que la Palabra de Dios promete hacer por ti, tú quieras estudiarla y aplicarla a tu vida. Si lo haces, puedo prometerte que nunca te arrepentirás.

> Porque todo el que ha nacido de Dios vence al mundo. Esta es la victoria que ha vencido al mundo, nuestra fe. ¿Quién es el que vence al mundo? Solo el que cree que Jesús es el Hijo de Dios.
>
> 1 Juan 5:4-5

1

La Palabra de Dios enseña la verdad

Jesús se dirigió entonces a los judíos
que habían creído en él, y les dijo:
—Si se mantienen fieles a mis palabras,
serán realmente mis discípulos; y conocerán la verdad,
y la verdad los hará libres.
Juan 8:31-32

Jesús es el Verbo hecho carne que vino a la tierra para habitar entre nosotros (Juan 1:14). Él dice que Él mismo es la verdad (Juan 14:6). La Palabra de Dios nos enseña la verdad, y si no conocemos su Palabra, Satanás, el padre de la mentira, puede engañarnos fácilmente. Podrá mentirnos, y creeremos sus mentiras porque no conocemos la verdad.

Si creemos una mentira, la mentira se convierte en nuestra realidad, porque no sabemos que no es verdad. Por ejemplo, si creemos que no podemos hacer algo, no podremos hacerlo, aunque en realidad seamos capaces de hacerlo. Es vital que conozcamos la verdad, y la verdad absoluta solo puede encontrarse en la Palabra de Dios.

Satanás engañó a Eva en el Jardín del Edén (Génesis 3:13) y ha estado engañando a la gente desde entonces. Convenció a Eva de que Dios no hablaba en serio cuando le dijo que no comiera del fruto del árbol de la ciencia del bien y del mal (Génesis 2:17; 3:1-5). Al creer sus mentiras, le dio acceso a su vida y le dio la oportunidad de destruir todas las cosas buenas que Dios tenía para ella. Ser engañado no es una excusa para desobedecer, porque tenemos la responsabilidad de conocer la Palabra de Dios. Y si no la conocemos, seremos engañados.

Tenemos la responsabilidad de conocer la Palabra de Dios.

Eva no solo pecó personalmente, sino que también le dio parte del fruto prohibido a Adán, y este lo comió desobedeciendo a Dios. Dios corrigió a Adán, a Eva y a Satanás, pero afortunadamente también tenía un plan para la redención de Adán y Eva. Su plan era enviar a Jesús (la verdad) para que pagara por sus pecados y por todos los pecados cometidos por cualquier persona.

Cuando conocemos y aplicamos en nuestras vidas la verdad de la Palabra de Dios, nos liberamos de la esclavitud creada por las mentiras de Satanás. Jesús vino a liberarnos, y aquellos a quienes el Hijo libera son "verdaderamente libres" (Juan 8:36).

El mundo en que vivimos hoy es confuso, y saber cuál es la verdad puede ser todo un reto. Encontramos mentiras por todas partes. Pero afortunadamente tenemos una fuente de verdad que siempre nos guiará en la dirección correcta: la Palabra de Dios, la Biblia. La Palabra de Dios es nuestra fuente de verdad, y estudiarla es lo más sabio que podemos hacer.

Isaías 5:20 dice: "Ay de los que llaman al mal bien y al bien mal" (NBLA). Vivimos en una época en la que la gente hace precisamente eso. Estos son días peligrosos, días en los que muchas personas ya no conocen la verdad y son susceptibles a las mentiras de Satanás.

Invierte tiempo cada día en estudiar la verdad de la Palabra de Dios, y siempre te guiará en la dirección correcta. Te hará reconocer las mentiras de Satanás y evitarás ser engañado por ellas. Enséñale la Palabra de Dios a tus hijos, y deja que guíe tu vida familiar. Es importante enseñar la Palabra a tus hijos y ser para ellos un ejemplo de alguien que aplica la Palabra de Dios a su vida.

Así como necesitamos alimento para nuestro cuerpo físico, también necesitamos alimento para nuestro espíritu y alma. La Palabra de Dios es el alimento que necesitamos. En Mateo 4:4, Jesús dice: "No solo de pan vive el hombre, sino de toda palabra que sale de la boca de Dios".

Las palabras que Dios pronuncia "son Espíritu y son vida" (Juan 6:63). La carne no aprovecha nada, pero la Palabra de Dios nos ministra vida; no solo vida natural, sino vida tal como Dios la tiene. Yo quiero esta vida, y estoy segura de que tú también.

2

La Palabra de Dios es vida, curación y salud para todos los que la encuentran

Hijo mío, presta atención a mis palabras;
inclina tu oído a mis razones.
Que no se aparten de tus ojos; guárdalas en medio
de tu corazón. Porque son vida para los que las hallan
y salud para todo su cuerpo.

Proverbios 4:20-22 NBLA

Todos necesitamos sanación en distintos momentos y de diferentes maneras. Podemos necesitar sanación espiritual, física, emocional o mental. Podemos necesitar sanidad financiera o sanidad en nuestras relaciones. Jesús es nuestro Sanador, y Él puede sanar cualquier herida.

Dios trabaja a través de varias formas y medios. Puede sanarte sobrenaturalmente a través de una curación milagrosa o puede obrar a través de un médico, un consejero, un ministro o un amigo para darte la ayuda que necesitas. Ya sea que ocurra a través de un milagro o a través de medicamentos, cirugía, terapia física o consejería, siempre debemos recordar que, sin importar cómo venga la sanación, viene de Jesús.

Cuando sentimos que necesitamos curación, siempre debemos pedírsela a Jesús y confiar en que Él actuará a través de los medios que Él elija. Las personas que están físicamente enfermas o con dolor necesitan curación física, y a menos que Jesús decida curarlas milagrosamente, probablemente tendrán que ir a un médico, que tiene el conocimiento y la habilidad para tratarlas eficazmente y que puede recetarles medicinas. Las personas que están siempre angustiadas y preocupadas necesitan curación mental. Tal vez sufren de una enfermedad mental, como la depresión, el trastorno bipolar o la esquizofrenia. He escuchado muchos testimonios de personas que fueron completamente sanadas de enfermedades mentales a través del estudio y la meditación de la Palabra de Dios. También he escuchado de otros que han sido sanados a través de consejería y algún tipo de medicamento.

A veces la curación viene rápidamente, y a veces es un proceso largo, pero sabemos que Dios es nuestro Sanador, y Él sana a su manera y a su tiempo. No podemos elegir cómo o cuándo Dios nos sana, pero sabemos que lo hará, porque esto es lo que su Palabra nos dice.

Si las personas han sido heridas emocionalmente a través del abuso, el rechazo, la crítica u otras experiencias, necesitan sanación emocional. Isaías 61:3 dice que Dios sacará belleza de donde solo había cenizas, lo que significa que redimirá las experiencias negativas que podrían destruirnos, y sacará belleza y fuerza de nuestro dolor.

Debido al abuso sexual que sufrí durante mi niñez, necesitaba desesperadamente sanación emocional, pero no tenía idea de que Jesús me proveería sanación porque nunca me habían dicho que lo haría. Necesitaba estabilidad emocional porque mis emociones estaban heridas y vivía según mis sentimientos, que eran volubles y poco fiables. Hace años, cuando leía sobre la sanación en la Biblia, suponía que se refería solo a la sanación espiritual, como el don de Dios de la vida eterna a través de Jesús, pero me equivocaba. Afortunadamente, descubrí en el Salmo 147:3 que Jesús nos sana cuando tenemos el corazón quebrantado y venda nuestras heridas.

También necesitaba sanidad mental porque mis pensamientos no estaban de acuerdo con la Palabra de Dios. Mi mente necesitaba ser renovada (Romanos 12:2; 2 Corintios 10:4-5), y la Palabra de Dios hace esto. Si aprendes la Palabra de Dios, podrás discernir cuando un pensamiento que viene a tu mente no es piadoso, y entonces podrás rechazarlo y reemplazarlo con los pensamientos de Dios. Nuestros pensamientos guían nuestra vida. Son la base de nuestras decisiones y, si son erróneos, nuestras vidas irán en la dirección equivocada.

Dios se preocupa por todo lo que te concierne.

Dios se preocupa por todo lo que nos concierne, se compadece de nosotros y se deleita en mostrarnos su poder y su misericordia. Pero quiere que le pidamos ayuda. El apóstol Santiago escribe: "No tienen, porque no piden" (Santiago 4:2), y Jesús dice que todo lo que pidamos en su nombre, Él lo hará (Juan 14:13). Te animo a que empieces a pedir más de lo que has pedido nunca, porque no puedes pedirle demasiado a Dios. Él "puede hacer muchísimo más que todo lo que podamos imaginarnos o pedir" (Efesios 3:20).

Muchas personas creen erróneamente que Jesús vino a la tierra solo para perdonar pecados y abrirnos el camino al cielo cuando muramos, pero vino para mucho más que eso. Vino para que pudiéramos tener y disfrutar de una buena vida mientras estamos aquí en la tierra (Juan 10:10). Fui a la iglesia durante muchos años antes de aprender que podía acudir a Jesús cuando necesitara sanación de cualquier tipo y confiar en que Él me la proporcionaría. Si esa también es tu historia, te animo a que acudas a Jesús cada vez que necesites sanación. Pídele que te conceda un milagro o que te guíe en lo que debes hacer, o dónde puedes buscar ayuda.

La Palabra de Dios es como una medicina para nuestras almas; "es viva y eficaz" (Hebreos 4:12 NBLA).

Cuando necesites curación de cualquier tipo, te insto a que pruebes la Palabra de Dios y dejes que actúe como medicina para tu alma. Es gratis e infinita.

La Palabra de Dios es medicina para tu alma.

3

La Palabra de Dios sana y libera

Envió su palabra, y los sanó,

y los libró de su ruina.

Salmo 107:20 RVR60

Nuestro enemigo, el diablo (Satanás), está dedicado a la destrucción de los hijos de Dios y de su plan para sus vidas. Satanás fue una vez un hermoso arcángel, pero como se rebeló contra Dios y dijo que elevaría su trono por encima del de Dios, él y los ángeles que se rebelaron con él fueron expulsados del cielo y arrojados a la tierra (Isaías 14:12-15). Esto ocurrió antes de que Dios creara la tierra tal como la conocemos y antes de que creara a los primeros seres humanos, Adán y Eva.

Génesis 3:1-6 nos dice que Satanás se acercó a Eva en forma de serpiente y la engañó con mentiras. La convenció de que hiciera lo que Dios le había dicho específicamente que no hiciera, y ella convenció a Adán de que hiciera lo mismo. Desde entonces, la humanidad ha sufrido de diversas maneras, pero Dios no dejó a la gente sin ayuda. Él tenía un plan desde el principio: que su Hijo, Jesús, viniera a la tierra para rescatar y liberar a toda la humanidad de la destrucción que el diablo había planeado.

Para obtener la ayuda de Dios, todo lo que una persona tiene que hacer es creer en Jesús. Esto significa creer que Él murió por nuestros pecados y resucitó de entre los muertos, y que todas las promesas de la

Palabra de Dios son ciertas y están al alcance de todos los que crean.

¿Alguna vez te has sentido como si hubieras caído en un pozo de desesperación, depresión o desánimo, y no sabes cómo salir? Yo sí, y me alegra saber que cuando no puedo ayudarme a mí misma, la Palabra de Dios está disponible para ayudarme. Jesús es la Palabra hecha carne (Juan 1:14), y cuando la Palabra nos ayuda, Jesús nos ayuda.

Si estamos desanimados o desesperados, o si nos sentimos deprimidos, podemos acudir a los Salmos y leer cómo David, que escribió muchos de los Salmos, se sentía a menudo de la misma manera. Pero los Salmos también nos muestran cómo David confió en Dios para que lo sacara del pozo y lo librara de la destrucción que sus enemigos habían planeado para él (Salmo 40).

Satanás quiere destruir tu cuerpo, mente, emociones, relaciones, finanzas, gozo, paz y todo lo que Dios quiere que disfrutes. Él trabaja incansable y continuamente para destruirnos, pero la buena noticia es que Jesús ya ha provisto todo lo que necesitamos para sanarnos y nos ayuda en cualquier área de nuestra vida. Todo lo que tenemos que hacer es reclamarlo como nuestro y recordarnos a nosotros mismos que el diablo es un mentiroso.

Satanás a menudo trabaja a través de personas desprevenidas para traer dolor a nuestras vidas. Él usó a mis padres para comenzar lo que él quería que fuera un ciclo de destrucción en mi vida, pero yo clamé a Dios, y Él me rescató. No me sacó de la situación en la que estaba cuando era niña, pero me dio la fuerza y la gracia para atravesarla, y ahora me usa para sacar a otros de sus propios ciclos destructivos.

Satanás es un mentiroso y quiere que pensemos que las personas son nuestro problema o incluso que Dios está causando nuestros problemas. Pero debemos mirar más allá de quien sea o de lo que sea que Satanás esté usando, y ver que él es el verdadero enemigo. La buena noticia es que tenemos poder y autoridad sobre él (Lucas 10:19). Si nos sometemos a Dios, podemos resistir al diablo y él huirá (Santiago 4:7).

Para combatir al enemigo, debemos reconocer cuándo está actuando y hacerle frente al comienzo de su ataque. La Primera Carta de Pedro 5:8 nos dice que estemos vigilantes porque nuestro adversario, el diablo, "anda al acecho como león rugiente, buscando a quien devorar" (NBLA). Tú y yo no tenemos que ser devorados si conocemos la Palabra de Dios. La Palabra de Dios nos librará. La Palabra de Dios nos sanará.

4

La Palabra de Dios nos protege

El camino de Dios es perfecto. Todas las promesas del Señor demuestran ser verdaderas. Él es escudo para todos los que buscan su protección.

Salmo 18:30 NTV

Un escudo nos protege, y Dios es un escudo para todos los que ponen su confianza en Él. Esto no significa que Satanás no pueda atacarnos, pero sí significa que no puede hacernos ningún daño permanente. Jesús dice que en el mundo tendremos "muchas pruebas y tristezas; pero anímense, porque yo he vencido al mundo" (Juan 16:33 NTV).

Satanás es el gobernante de los sistemas de este mundo, pero si funcionamos de acuerdo con el sistema de Dios (su Palabra), entonces no importa lo que Satanás trate de hacer: al final ganaremos. Pablo escribe, en Romanos 8:28, que todas las cosas ayudan a bien a los que aman a Dios y quieren su voluntad (lo que Él desea). José es un buen ejemplo de esto. En Génesis, leemos que sus hermanos lo trataron cruelmente, pero él les dijo que lo que ellos querían para mal, Dios lo quería para bien (Génesis 50:20). Los hermanos de José le tenían celos y envidia, y lo vendieron como esclavo, pero Dios estaba con él (Hechos 7:9).

No importa quién esté contra nosotros porque Dios está con nosotros, y Él es más grande que cualquier enemigo. Dios vive en nosotros, como creyentes en Jesucristo, y la Biblia dice que Aquel que está en nosotros es mayor que el que está en el mundo (1 Juan 4:4).

No importa quién esté en tu contra porque Dios está contigo.

Varias veces en la Biblia, Dios nos dice que no debemos tener miedo porque Él está con nosotros (Josué 1:9; Mateo 1:23; 28:20; Hebreos 13:5). Ni siquiera tenemos que saber cómo planea ayudarnos; todo lo que necesitamos saber es que Él nos ama y está con nosotros. Él dice en Isaías 41:10:

> Así que no temas, porque yo estoy contigo; no te angusties, porque yo soy tu Dios. Te fortaleceré y te ayudaré; te sostendré con la diestra de mi justicia.

Satanás teme el nombre de Jesús, la sangre de Jesús y la Palabra de Dios. Estas tres son armas poderosas, y debemos depender de ellas mientras ponemos nuestra fe en Dios. Cuando el enemigo intente derrotarte, ora en el nombre de Jesús o simplemente di: "Satanás, vengo contra ti en el nombre de Jesús". Recuérdale a Satanás la sangre de Jesús que fue derramada por ti, y habla la Palabra de Dios. Estas son tus mejores defensas contra el diablo.

El Espíritu Santo llevó a Jesús al desierto para ser probado y tentado por el diablo durante cuarenta días y cuarenta noches. Cada vez que el diablo le mentía, Jesús decía: "Está escrito" y citaba las Escrituras que refutaban la mentira del diablo (Mateo 4:1-10). Habla la Palabra de Dios y luego confía en Él mientras esperas su liberación. Sigue ayudando a otras personas. Mientras esperas tu liberación, puedes ayudar y bendecir a otros haciendo el bien y mejorando sus vidas.

Los pensamientos y los caminos de Dios son perfectos; son más elevados que nuestros pensamientos y nuestros caminos (Isaías 55:8-9). La gente hace planes en su mente, pero Dios dirige sus pasos (Proverbios 16:9). Necesitamos orar pidiendo la sabiduría y la dirección de Dios, porque Proverbios 16:25 dice que cuando tratamos de manejar nuestra vida por nuestra cuenta, hay un camino que nos parece correcto, pero al final solo hay muerte y destrucción. A menudo, los caminos de Dios no tienen sentido para nosotros, pero eso es porque los estamos mirando con nuestra mente carnal. Por ejemplo, la Palabra de Dios nos dice que, si necesitamos más, debemos dar algo de lo que tenemos (Lucas 6:38). ¿Pero cómo podríamos tener más si damos lo que tenemos? La respuesta es "porque Dios lo dice". Si hacemos lo que la Palabra de Dios nos enseña a hacer, lo entendamos o no, veremos grandes cosas pasar en nuestras vidas (Gálatas 6:7-9).

Aunque mis padres habían abusado de mí durante toda mi infancia, Dios me guio para que cuidara de ellos cuando fueran mayores y los mantuviera, como me gustaría que me mantuvieran a mí, hasta que murieran (Éxodo 20:12). Esta fue una de las cosas más difíciles que he hecho en mi vida. Pero con la ayuda de Dios, lo logré. Me costó esfuerzo, tiempo y mucho dinero, pero he visto a Dios recompensar mi obediencia. Si obedeces a Dios, tú también verás su recompensa en tu vida, y tu gozo y paz abundarán, porque mientras más difícil sea la obediencia, mayor será la recompensa.

Cuanto más difícil sea la obediencia,
mayor será la recompensa.

5

Meditar en la Palabra de Dios trae sabiduría, prosperidad y éxito

Este libro de la ley no se apartará de tu boca,
sino que meditarás en él día y noche, para que te cuides
de hacer todo lo que en él está escrito. Porque entonces
harás prosperar tu camino y tendrás éxito.

Josué 1:8 NBLA

La sabiduría es el uso correcto del conocimiento y es uno de los bienes más valiosos que podemos tener. ¿De qué sirve el conocimiento si no sabemos aplicarlo sabiamente? Yo digo: "Sabiduría es hacer ahora lo que te satisfará después". Puede que no siempre *tengamos* ganas de hacer lo más sabio, pero si lo hacemos de todos modos, al final nos alegraremos de haberlo hecho.

Sabiduría es hacer ahora
lo que te satisfará más tarde.

Hebreos 12:11 dice que ninguna disciplina parece gozosa cuando estamos pasando por ella, pero "después produce una cosecha de justicia y paz para quienes han sido entrenados por ella". Muchas personas viven solo para el momento sin pensar seriamente en el futuro y en cómo sus acciones actuales los afectarán. Este tipo de pensamiento es poco inteligente porque "más adelante" siempre trae consigo los resultados de las decisiones que hemos tomado en el pasado. Una vez que tenemos esos resultados, es demasiado tarde para volver atrás y deshacer lo que hemos hecho. Por supuesto,

Dios perdonará nuestra insensatez, pero puede que tengamos que enfrentarnos a sus consecuencias.

PROSPERIDAD

Todos queremos prosperar en nuestras labores, y Dios promete prosperidad a los que meditan en su Palabra. *Meditar* significa dar vueltas y vueltas en la mente, y murmurar en voz baja. Yo le digo a la gente que, si sabe preocuparse, sabe meditar. Cuando nos preocupamos, meditamos en nuestros problemas, pero cuando meditamos en la Palabra de Dios, meditamos en las respuestas a nuestros problemas.

Cuando meditas en la Palabra de Dios,
meditas en las respuestas
a tus problemas.

La palabra *prosperidad* significa plenitud. Significa florecer, triunfar, crecer o tener suficiencia de medios. Si entendemos esto, ¿quién no va a querer ser próspero?

Todos queremos prosperidad, y meditar en la Palabra de Dios la liberará en nuestras vidas. Cuando meditamos en la Palabra de Dios, empezamos a ver la sabiduría de obedecerla. Cuando veamos la sabiduría de la obediencia y actuemos de acuerdo con ella, tendremos éxito en todo lo que hagamos. Es de vital importancia que nos demos cuenta de que conocer la Palabra de Dios no es lo que nos hace tener éxito; ponerla en práctica, sí. Sin embargo, no podemos obedecer la Palabra a menos que la conozcamos, y meditar en ella nos ayuda a conocerla, no solo mentalmente, sino de una manera más profunda. Meditar en la Palabra nos ayuda a conocerla tan profundamente que se convierte en parte de nuestras vidas. Cuando la Palabra de Dios se convierte en parte de lo que somos, entonces todas nuestras decisiones se toman de acuerdo con ella.

Algunas personas piensan que la prosperidad se refiere solo al dinero, pero abarca mucho más que eso. Una persona puede tener mucho dinero y aun así no tener lo que se necesita para una vida exitosa. No tenemos verdadero éxito a menos que tengamos paz, gozo, una buena relación con Dios, amigos y frutos que nos hagan saber que nuestra vida no ha sido en vano. No somos prósperos si no estamos contentos. No me refiero a estar satisfechos hasta el punto de que nunca queramos cambiar, sino a estar contentos con el momento presente porque creemos que estamos en las manos de Dios y que sus caminos y tiempos son perfectos en nuestras vidas.

ÉXITO

¿Qué hace falta para que una persona tenga éxito? ¿Es llegar a lo más alto de la escalera corporativa? Algunas personas llegan a lo más alto de una supuesta escalera y luego descubren que su escalera está apoyada en el edificio equivocado. Algunas personas piensan que el éxito es tener mucho dinero, pero cuando una persona está en su lecho de muerte, no pide ver el balance de su cuenta. Querrá a Dios, a su familia y a sus amigos.

Creo que el éxito es conocer a Dios y tener una relación íntima con Él. También creo que el éxito es conocerte a ti mismo (tus fortalezas y tus debilidades) y asumir ser la persona única que Dios creó.

El éxito es conocer a Dios y tener una relación íntima con Él.

6

La Palabra de Dios trae estabilidad, fecundidad y prosperidad

Será como árbol plantado junto a corrientes de agua,
que da su fruto a su tiempo
y su hoja no se marchita; en todo lo que hace, prospera.

Salmo 1:3 NBLA

Para entender el Salmo 1:3, necesitamos conocer el Salmo 1:2, donde el salmista escribe sobre alguien que es bienaventurado, diciendo: "En la ley del Señor está su deleite, y en Su ley medita de día y de noche" (NBLA). Una persona que desea, se deleita en, medita en, y estudia la Palabra de Dios se caracteriza por la estabilidad, la fecundidad y la prosperidad.

ESTABILIDAD

Un árbol firmemente plantado no se verá afectado por las tormentas de la naturaleza. Dave y yo tenemos un roble enorme, viejo y profundamente arraigado en nuestro patio trasero, y aunque hemos soportado muchas tormentas en los años que llevamos viviendo aquí, ese árbol no ha sufrido más daños que unas cuantas ramas rotas. Otros árboles han sido destruidos, arrancados y arrastrados por las tormentas, pero no el roble firmemente plantado.

Isaías 61:3 dice que quienes pertenecemos a Dios llegaremos a ser "árboles de justicia, la planta del Señor, para que Él sea glorificado". Dios quiere que estemos firmemente plantados en su Palabra y que no nos afecten las tormentas de la vida. No todas las tormentas están en el pronóstico del tiempo, lo que significa que no podemos prever todas las situaciones difíciles que podemos encontrar en la vida. Todos enfrentamos circunstancias inesperadas que son desagradables, y la manera en que manejamos esas cosas revela mucho acerca de nuestro carácter y madurez.

Dios quiere que estés firmemente plantado en su Palabra.

Cometemos un gran error si pensamos que cada día será tal y como lo planeamos. Hace unas semanas, estaba teniendo un día tranquilo y, de repente, alguien oyó algo que le enfadó. Acabé en el camino del enfado y me vi arrastrada a la situación sin quererlo. Tardé dos días de mi vida en calmar esa tormenta en particular, ¡y ni siquiera era mi tormenta! La situación era frustrante, y tuve la tentación de seguir enfadada con la persona que no controlaba su temperamento, pero entonces Dios me recordó que yo enseño a otros a perdonar rápidamente y yo necesitaba hacer lo mismo. (¡Ay, no me gusta cuando Dios me predica mis propios sermones!)

Inmediatamente empecé a rezar, pidiéndole a Dios que me ayudara a obedecerle y a perdonar rápidamente. Como mis emociones estaban a flor de piel, sabía que necesitaba la ayuda de Dios. Él me ayudó, y pude perdonar, olvidar la situación y seguir con mi vida como si nada hubiera pasado.

¿Cómo manejas las tormentas de la vida? ¿Haces lo que la Palabra de Dios dice que hagas, independientemente de cómo te sientas? ¿O te vuelves emocional e inestable? Dios siempre está disponible para ayudarte a manejar las tormentas de la vida de una manera piadosa. Todo lo que necesitas es preguntar.

FECUNDIDAD

Meditar en la Palabra de Dios trae fruto, y eso es algo importante. Hoy en día, la gente está muy ocupada, pero eso no significa que estén ocupados haciendo lo que dará buen fruto para Dios (esto es, hacer una diferencia positiva en el mundo para darle honor a Él, o para ser productivo) en su vida. Dios no nos ha llamado a estar ocupados, sino a ser fructíferos.

Dios te ha llamado a ser fructífero, no a estar ocupado.

Jesús dice que, si permanecemos en Él, daremos "mucho fruto" (Juan 15:5). *Permanecer* significa vivir, morar y quedarse. Meditar en la Palabra de Dios es parte del estilo de vida permanente. No podemos tener solo una visita de cuarenta y cinco minutos con Jesús el domingo por la mañana durante el servicio de la iglesia y no pensar en Él hasta el siguiente domingo, y esperar vivir una vida fructífera. Permanecer en Cristo en nuestro estilo de vida significa que lo incluimos en todo lo que hacemos y lo reconocemos en todas las cosas. Hablamos con Él, pensamos en Él y pensamos en su Palabra a lo largo de cada día.

También significa que la Palabra de Dios manda, y cuando hay que tomar una decisión, tomamos la que está de acuerdo con su Palabra. Hay dos palabras que nunca pueden ir juntas en la vida de un cristiano: "¡No, Señor!". Si Él es nuestro Señor, entonces nuestra respuesta debe ser siempre sí. Nunca puede ser no.

PROSPERIDAD

Es importante que recordemos que la palabra *prosperidad* va más allá de la abundancia económica. Es una palabra que describe la plenitud y transmite una sensación de prosperidad en todos los ámbitos de nuestra vida. Ciertamente, las personas pueden prosperar económicamente, pero también podemos prosperar en nuestras relaciones, en la forma en que disfrutamos y utilizamos los dones y talentos que Dios nos ha dado, y en las cualidades intangibles de la vida, como el amor, la alegría, la paz y el sentido de propósito.

Permanecer en Dios y en su Palabra trae estabilidad, fruto y prosperidad a nuestras vidas. Cuando la gente ve estas bendiciones en nuestras vidas, nuestro testimonio de Cristo se fortalece, porque la gente ve la bondad de Dios y desea tener la vida que Él ofrece.

7

La Palabra de Dios sostiene, guía, mantiene e impulsa el universo

Él es el resplandor de la gloria de Dios.
Es la imagen misma de lo que Dios es.
Él es quien sustenta todas las cosas con la palabra
de su poder. Después de llevar a cabo la purificación
de nuestros pecados por medio de sí mismo,
se sentó a la derecha de la Majestad, en las alturas.
Hebreos 1:3 RVC

Cuando reflexionamos sobre el universo y lo maravilloso que es, nos preguntamos qué hace que la Tierra gire perfectamente sobre su eje, o cómo el sol, la luna y las estrellas permanecen en el cielo sin caerse. Me encanta ver programas sobre la naturaleza porque me recuerdan lo asombroso que es Dios y lo mucho que se escapa a nuestro entendimiento.

Para saber cómo es Dios, estudia a Jesús.

Jesús es la imagen e impronta perfectas de la naturaleza de Dios. Si quieres saber cómo es Dios, estudia a Jesús. Hebreos 1:3 afirma que Dios no solo sostiene, sino que mantiene el universo. Me pregunto cuánto mantenimiento requiere el universo para seguir funcionando perfectamente.

La galaxia en la que vivimos tú y yo es la Vía Láctea, pero hay al menos otros dos billones de galaxias, y cada día se descubren más. Se calcula que solo en la Vía Láctea hay entre cien mil y cuatrocientos mil millones de estrellas. Dudo que alguien sepa con exactitud todo lo que hay en el universo que Dios mantiene unido en cada momento que vivimos. Piensa en el desastre que se produciría si Dios dejara de mantenerlo, aunque solo fuera un segundo.

Él mantiene este mundo funcionando correctamente y sostiene "todas las cosas por la palabra de su poder" (Hebreos 1:3 NBLA). Su Palabra tiene tanto poder que seguramente puede mantenernos, sostenernos y guiarnos. Confía en Dios. Solo Él es completamente confiable. Dios te ama y desea cuidar de ti, así como cuida del resto de su creación, y lo hará si se lo permites.

Te sugiero que te tomes un tiempo para pensar profundamente en qué significa cuando la Biblia dice que Jesús sostiene, mantiene e impulsa el universo con la palabra de su poder. Si lo haces, te dará una idea de lo poderosa que es su Palabra y te ayudará a poner tu confianza en ella.

ORIENTACIÓN

Jesús guía el universo. Lo mantiene en la dirección correcta cada segundo de cada día. Y no solo eso, sino que Él desea guiar nuestras vidas de la misma manera. Nos ha dado al Espíritu Santo para que nos guíe en la vida

(Juan 14:15-17, 26). Él vive dentro de nosotros y siempre está tratando de guiarnos en la dirección correcta y ayudarnos a tomar las decisiones correctas. Él nos enseña la verdad de la Palabra de Dios, y cuando creemos esto, sabremos la dirección que debemos tomar en cada situación. Te animo a que confíes en Dios, te relajes, descanses en Él y disfrutes de la vida que te ha dado. No la desperdicies estando ansioso, preocupado, temeroso, celoso, envidioso, siendo implacable o negativo; eso te robará lo que Jesús murió para darte. Decide hoy que, si Jesús puede guiar y mantener el universo, entonces seguramente puede hacer lo mismo por ti.

8

La Palabra de Dios tiene el poder de crear

En el principio Dios creó los cielos y la tierra.
La tierra no tenía forma y estaba vacía, las tinieblas
cubrían el abismo y el Espíritu de Dios se movía sobre
la superficie de las aguas. Y dijo Dios: "¡Que haya luz!".
Y la luz llegó a existir. Dios consideró que la luz era buena
y la separó de las tinieblas. A la luz la llamó "día"
y a las tinieblas, "noche". Vino la noche y llegó la mañana:
ese fue el primer día.

Génesis 1:1-5

El primer capítulo del Génesis, que es el primer capítulo de la Biblia, es la historia de la creación. Obsérvese que en el pasaje bíblico anterior se dice que Dios dijo: "Hágase la luz", y se hizo la luz (Génesis 1:3). Esto ocurrió el primer día de la creación.

El segundo día:

> Entonces dijo Dios: "Haya una bóveda en medio de las aguas, para que separe las aguas de las aguas". E hizo Dios la bóveda, y separó las aguas que están debajo de la bóveda de las aguas que están sobre la bóveda. Y fue así. Dios llamó a la bóveda "cielos". Y fue la tarde y fue la mañana del segundo día.
>
> Génesis 1:6-8 RVA-2015

Al día siguiente, Dios habló de nuevo, diciendo:

> Entonces dijo Dios: "Reúnanse las aguas que están debajo del cielo en un solo lugar, de modo que aparezca la parte seca". Y fue así. Llamó Dios a la parte seca "tierra", y a la reunión de las aguas llamó "mares"; y vio Dios que esto era bueno. Después dijo Dios: "Produzca la tierra hierba, plantas que den semilla y árboles frutales que den fruto según

> su especie, cuya semilla esté en él, sobre la tierra". Y fue así. La tierra produjo hierba, plantas que dan semilla según su especie, árboles frutales cuya semilla está en su fruto según su especie. Y vio Dios que esto era bueno. Y fue la tarde y fue la mañana del tercer día.
>
> Génesis 1:9-13 RVA-2015

¿Estás empezando a ver un patrón? Cada vez que Dios creó algo, lo hizo hablando. Dios dijo algo, y lo que Él dijo llegó a existir.

Veamos lo que ocurrió el cuarto día:

> Entonces dijo Dios: "Haya lumbreras en la bóveda del cielo para distinguir el día de la noche, para servir de señales, para las estaciones y para los días y los años. Así sirvan de lumbreras para que alumbren la tierra desde la bóveda del cielo". Y fue así. E hizo Dios las dos grandes lumbreras: la lumbrera mayor para dominar en el día, y la lumbrera menor para dominar en la noche. Hizo también las estrellas. Dios las puso en la bóveda del cielo para alumbrar sobre la tierra, para dominar en el día y en la noche, y para separar la luz de las tinieblas. Y vio

> Dios que esto era bueno. Y fue la tarde y fue la mañana del cuarto día.
>
> Génesis 1:14-19 RVA-2015

En el quinto día:

> Entonces dijo Dios: "Produzcan las aguas innumerables seres vivientes, y haya aves que vuelen sobre la tierra, en la bóveda del cielo". Y creó Dios los grandes animales acuáticos, todos los seres vivientes que se desplazan y que las aguas produjeron según su especie, y toda ave alada según su especie. Vio Dios que esto era bueno, y los bendijo Dios diciendo: "Sean fecundos y multiplíquense. Llenen las aguas de los mares; y multiplíquense las aves en la tierra". Y fue la tarde y fue la mañana del quinto día.
>
> Génesis 1:20-23 RVA-2015

En el sexto día de la creación ocurrieron muchas cosas:

> Entonces dijo Dios: "Produzca la tierra seres vivientes según su especie: ganado, reptiles y animales de la tierra según su especie". Y fue así. Hizo Dios los

animales de la tierra según su especie, el ganado según su especie y los reptiles de la tierra según su especie. Y vio Dios que esto era bueno. Entonces dijo Dios: "Hagamos al hombre a nuestra imagen, conforme a nuestra semejanza, y tenga dominio sobre los peces del mar, las aves del cielo, el ganado, y en toda la tierra, y sobre todo animal que se desplaza sobre la tierra". Creó, pues, Dios al hombre a su imagen; a imagen de Dios lo creó; hombre y mujer los creó. Dios los bendijo y les dijo: "Sean fecundos y multiplíquense. Llenen la tierra; sojúzguenla y tengan dominio sobre los peces del mar, las aves del cielo y todos los animales que se desplazan sobre la tierra". Dios dijo además: "He aquí que les he dado toda planta que da semilla que está sobre la superficie de toda la tierra, y todo árbol cuyo fruto lleva semilla; ellos les servirán de alimento. Y a todo animal de la tierra, a toda ave del cielo, y a todo animal que se desplaza sobre la tierra, en que hay vida, toda planta les servirá de alimento". Y fue así. Dios vio todo lo que había hecho, y he aquí que era muy bueno. Y fue la tarde y fue la mañana del sexto día

Génesis 1:24-31 RVA-2015

Fíjate de nuevo en que cada vez que Dios hablaba, algo pasaba a existir.

Tú yo tenemos el privilegio de poder decir y hablar la Palabra de Dios hoy y ver cosas buenas creadas en y a través de nuestras vidas. Cuando hablamos su Palabra, simplemente estamos de acuerdo con Él.

Cuando hablas la Palabra de Dios, estás de acuerdo con Él.

En el Salmo 2:7, el salmista escribe sobre el Mesías venidero: "*Yo declararé el decreto*: El Señor me ha dicho: 'Tú eres mi Hijo, yo te engendré hoy" (RVA-2015). *Declarar el decreto* significa decir las cosas que están escritas. Al hablar la Palabra que está escrita para nuestra instrucción, la Palabra de Dios, vemos su poder creativo en nuestras vidas.

9

La Palabra de Dios trae bendición a quienes ordenan su conducta y conversación según ella

¡Cuán bienaventurados [felices, afortunados, dignos de envidia] *son los de camino* [en la voluntad de Dios] *perfecto* [recto, sincero e irreprochable],
los que andan en la Ley del Señor
[el conjunto de la voluntad revelada de Dios].

Salmo 119:1 NBLA

Conocer la Palabra de Dios debe ser lo primero en nuestra lista de prioridades, pero conocerla no es suficiente. El conocimiento conlleva responsabilidad, y saber lo que es correcto hacer y no hacerlo es pecado (Santiago 4:17). La Palabra de Dios nos enseña qué hacer, y una vez que sabemos qué hacer, es nuestro trabajo con la ayuda de Dios ordenar o elegir nuestro comportamiento y conversación de acuerdo con la voluntad revelada de Dios que ahora conocemos. Superar nuestros problemas requiere que hablemos de acuerdo con la Palabra de Dios, no según nuestras circunstancias.

Habla según la Palabra de Dios,
no según tus circunstancias.

Esto se convierte en un reto de por vida para todos nosotros. Queremos hacer lo correcto, pero en momentos de debilidad, tomamos decisiones equivocadas. Cuando hemos tomado una decisión imprudente, nos arrepentimos y Dios nos perdona. Recibimos su perdón y nos encaminamos hacia la meta una vez más.

CONDUCTA

Nuestra conducta es importante porque es lo que la gente ve y juzga. Una vez trabajaba en nuestra plantilla una mujer que llegaba tarde al trabajo más a menudo de lo que llegaba a tiempo. Hablé con ella varias veces sobre su tardanza, y siempre me decía que no era su intención, y creo que era sincera. Quería llegar a tiempo al trabajo, pero no estaba ordenando (disciplinando) su conducta de manera que la ayudara a llegar a tiempo. Se entretenía haciendo cosas en casa o hablando por teléfono cuando debía haber estado conduciendo hacia el trabajo. Finalmente le dije sin rodeos: "Puede que no sea tu intención, pero si sigues llegando tarde al trabajo tendré que despedirte". A partir de entonces, rara vez llegó tarde al trabajo.

Según 1 Samuel 16:7, Dios mira el corazón, y tener un buen corazón ciertamente nos prepara para una buena conducta. Dios ve el corazón, pero la gente ve nuestra conducta, así que te animo a que te des cuenta de que, por muy bueno que sea tu corazón, tu conducta es lo que la gente nota y eso se convierte en tu testimonio sobre Jesús.

Dios ve tu corazón,
pero la gente ve tu conducta.

CONVERSACIÓN

La Biblia Amplificada, Edición Clásica [disponible solo en inglés], ofrece una visión particular del hecho de que debemos ordenar nuestra conversación de acuerdo con la Palabra de Dios. Creo que esto se debe a que lo que decimos es muy importante. Nuestras palabras proceden de nuestro corazón y ayudan a guiar nuestras acciones. Pensar y decir lo correcto es lo que precede a hacer lo correcto.

Si digo que no puedo hacer algo, probablemente no lo haré. Pero si digo que puedo hacer algo, entonces es más probable que lo haga. El apóstol Pablo escribió: "Todo lo puedo en Cristo, que me fortalece" (Filipenses 4:13). Pablo creía y hablaba de que podía hacer cualquier cosa que necesitara hacer con la ayuda de Dios. Cuanto más decimos algo, más lo creemos nosotros mismos, porque oímos y nos alimentamos de nuestras propias palabras.

Por eso las personas negativas rara vez o nunca logran nada positivo. No superan los problemas porque no creen que puedan hacerlo. Dios es positivo. Él siempre cree en nosotros, creamos o no en nosotros mismos. Aunque Él crea en nosotros, a menos que estemos de acuerdo con Él, no veremos el resultado que deseamos.

Dios cree en ti,
creas o no en ti mismo.

Antes de aprender la importancia de mis palabras, hice muchos comentarios negativos acerca de mí misma, los cuales no estaban de acuerdo con la Palabra de Dios. Cuando me enojaba conmigo misma por fallas o errores que había cometido, o porque otras personas habían dicho cosas negativas de mí, me volvía totalmente emocional y hablaba basada en esas emociones. Decía cosas como "Soy tan estúpida; nunca hago nada bien", o "Todo es siempre mi culpa" o "No tiene sentido ni siquiera intentarlo porque voy a fracasar de todos modos". ¿Te sientes identificado? ¿Tú también hablas a veces negativamente de ti mismo?

Escudriña la Palabra de Dios para ver lo que dice sobre ti, y luego ordena tu conversación de acuerdo con ella. Haz esto, aunque todavía no lo creas del todo. Declara la Palabra de Dios hasta que la creas, luego háblala con fe y observa cómo se cumple.

Cuando crees en la Palabra de Dios,
puedes hablarla con fe
y ver cómo se cumple.

Cuando tu conducta y tu conversación concuerdan con la Palabra de Dios, pueden suceder grandes cosas en tu vida.

10

La Palabra de Dios limpia y purifica

Ustedes ya están limpios por la Palabra
que les he comunicado.

Juan 15:3

Cuando leí que Jesús dijo a sus discípulos que estaban limpios por la palabra que Él había comunicado, me preguntaba cómo podía ser cierta esta afirmación. Después de todo, Pedro negó tres veces a Jesús incluso después de conocerlo (Mateo 26:69-75), Tomás luchó con la duda (Juan 20:24-25), y los discípulos discutieron sobre cuál de ellos era el más grande (Lucas 9:46-48), así que no veo cómo podrían ser llamados "limpios". Pero entonces leí algo que me dio una gran respuesta: "La debilidad es diferente de la maldad". Eso me encanta. Los discípulos tenían debilidades, como todos nosotros, pero no eran malvados. Escucharon y recibieron la Palabra de Dios, y esta hizo una obra en ellos.

En el Salmo 119:9, el salmista pregunta a Dios: "¿Cómo puede el joven mantener limpio su camino? Viviendo conforme a tu palabra". Esto es cierto no solo para los jóvenes, sino para todos nosotros. La Palabra de Dios cambia y purifica nuestro corazón, y Dios mira el corazón (1 Samuel 16:7). Se podría decir que la Palabra nos da un nuevo "querer". Una vez que recibimos a Jesús y comenzamos a estudiar su Palabra, no queremos pecar. Queremos hacer las cosas como Él quiere que las hagamos. Pero cometemos errores, y como escribe el apóstol Pablo, debemos desprendernos de lo que queda atrás y avanzar hacia lo que está por delante (Filipenses 3:12-14).

A medida que continuamos estudiando la Palabra de Dios y pasamos tiempo con Él, somos transformados a la imagen del Señor con gloria creciente (2 Corintios 3:18). La Palabra nos cambia. Hebreos 4:12 dice: "La palabra de Dios es viva, eficaz y más cortante que cualquier espada de dos filos. Penetra hasta lo más profundo del alma y del espíritu, hasta la médula de los huesos, y juzga los pensamientos y las intenciones del corazón". La Palabra de Dios tiene el poder inherente de cambiarnos.

En lugar de luchar para tratar de cambiarnos a nosotros mismos, debemos estudiar lo que la Palabra de Dios dice acerca de nuestras debilidades y confiar en que Dios nos dará la gracia y la fuerza para hacer su voluntad. Por ejemplo, si tienes un problema de ira, entonces estudia todo lo que la Biblia dice acerca de la ira, y será como tomar medicina para el problema de ira en tu alma. Es el mismo principio que tomar la medicina correcta para una enfermedad física. Si una persona tiene dolor de cabeza, toma un analgésico. No se pone una venda en la cabeza pensando que eso le curará el dolor de cabeza. Del mismo modo, si nos cortamos el brazo, no nos ponemos una aspirina en la herida, sino que nos vendamos. Deberíamos aprender a aplicar la Palabra de Dios de la misma manera.

Estudia lo que dice la Palabra de Dios sobre las áreas de tu vida que quieres mejorar, y poco a poco Jesús te cambiará, porque Él es la Palabra (Juan 1:1). Cuanto más tiempo pases estudiando y meditando en la Palabra de Dios, y cuanto más tiempo pases con Él en oración desarrollando tu relación con Él, más serás cambiado a su imagen. La transformación total no suele ocurrir de la noche a la mañana; lo importante es que progreses un poco más cada día. Y recuerda celebrar tus victorias en lugar de sentirte culpable por tus debilidades, confiando en que, porque tu corazón está bien, tu comportamiento mejorará.

11

La Palabra de Dios reduce nuestra capacidad de pecar y nos fortalece contra la tentación

En mi corazón he atesorado tus palabras,

para no pecar contra ti.

Salmo 119:11 RVC

He aprendido que cuando estoy tentada a pecar, lo mejor que puedo hacer es leer la Palabra de Dios. Puede que conozca pasajes en concreto que me ayuden a afrontar determinadas situaciones, o puede que tenga que buscarlos en una concordancia (un libro que enumera las referencias bíblicas según palabras clave) o en Internet. Una vez que encuentro esas escrituras, las leo, medito en ellas y las declaro en voz alta, y me ayudan a superar la tentación. Por ejemplo, si algo me preocupa, sé que la ansiedad no es la voluntad de Dios para mí, y me apoyo en Filipenses 4:6-7: "No se preocupen por nada; más bien, en toda ocasión, con oración y ruego, presenten sus peticiones a Dios y denle gracias. Y la paz de Dios, que sobrepasa todo entendimiento, cuidará sus corazones y sus pensamientos en Cristo Jesús".

Escribí un libro entero titulado *La respuesta a la ansiedad* basado en Filipenses 4:6-7 porque creo que este pasaje es, en efecto, la respuesta. Sin embargo, también me apoyo en otras escrituras, como Mateo 6:25-34, cuando siento la tentación de preocuparme. Dios me recuerda a menudo que tome la vida día a día, y Mateo 6:34 me anima a hacerlo, diciendo: "No se preocupen por el mañana, el cual tendrá sus propios afanes. Cada día tiene ya sus problemas".

Si me cuesta perdonar a alguien que me ha herido u ofendido, sé dónde acudir en la Palabra de Dios para fortalecerme contra la tentación de seguir enfadado con esa persona. La Palabra de Dios no es solo para el servicio religioso del domingo por la mañana; debe estar entretejida en nuestra vida diaria. Es el alimento espiritual que necesitamos para vivir una vida piadosa. Te animo encarecidamente a que reflexiones sobre el poder de la Palabra de Dios y dejes que te ayude en tu vida diaria.

No puedo animarte lo suficiente a que confíes en la Palabra de Dios. Debes depender de ella y creer que meditar en ella es como masticar la comida que comes. Cuando masticas la comida, los nutrientes que contiene se liberan para mantenerte sano. Si te la tragas entera, no obtendrás todos sus beneficios. Medita la Palabra de Dios para que te mantenga espiritualmente sano y fuerte.

Satanás intenta constantemente engañarnos y arrastrarnos al pecado. Por esta razón, debemos mostrarle resistencia inmediatamente. Recuerda que, cuando tentó a Jesús en el desierto, Él respondió con las Escrituras, diciendo: "Está escrito" y luego citó la Palabra de Dios (Mateo 4:4, 7, 10). Debemos seguir el ejemplo que Jesús nos dio, hablando la Palabra de Dios al enemigo cuando nos tienta. Podemos derrotar sus mentiras cuando creemos y declaramos lo que dice la Palabra de Dios.

David dijo que había atesorado la Palabra de Dios en su corazón para no pecar contra Él (Salmo 119:11). Cuando estudiamos la Palabra de Dios con regularidad y diligencia, la atesoramos en nuestro corazón, y sale a la superficie cuando la necesitamos. Entonces no tenemos que buscar las escrituras cuando las necesitamos, porque están en nuestro corazón. Uno de los ministerios del Espíritu Santo es recordarnos lo que necesitamos saber en el momento justo (Juan 14:26), y Él nos equipa con la Palabra de Dios cuando luchamos contra la tentación. Si eres un estudiante de la Palabra de Dios, tienes escrituras atesoradas en tu corazón. Puede que no te des cuenta de que están ahí, pero cuando las necesites, vendrán a tu mente. Ayudarnos a recordar su Palabra es una de las principales maneras en las que Dios nos habla.

Dios te habla ayudándote
a recordar su Palabra.

Muchas personas piensan que no escuchan a Dios, pero la forma número uno en la que Él habla es a través de su Palabra. Si no estudias la Palabra de Dios, es probable que no oigas nada de Él cuando necesites oír algo, pero si la estudias, puedo prometerte que estará allí cuando la necesites.

12

La Palabra de Dios nos renueva y reaviva

Estoy profundamente afligido;
Señor, vivifícame conforme a Tu palabra.
Salmo 119:107

Todos nos sentimos cansados a veces, por diversos motivos. Puede que hayamos estado trabajando demasiado duro, sin descanso. Quizá hayamos estado enfermos durante mucho tiempo, estemos cuidando a un ser querido enfermo, o hayamos sufrido algún tipo de pérdida. Cualquiera que sea el desafío que nos causa cansancio, la Palabra de Dios puede renovarnos y revivirnos.

A menudo me apoyo en Mateo 11:28-30 cuando me siento cansada. Jesús dijo:

> Vengan a mí todos ustedes que están cansados y agobiados; yo les daré descanso. Carguen con mi yugo y aprendan de mí, pues yo soy apacible y humilde de corazón, y encontrarán descanso para sus almas. Porque mi yugo es suave y mi carga es liviana.

La Palabra de Dios siempre nos da la esperanza de que las cosas cambiarán y nos recuerda que Dios nos dará la fuerza que necesitamos para afrontar lo que sea que estemos pasando hasta que termine.

A veces, simplemente nos cansamos de hacer lo que estamos haciendo. Aunque queramos hacerlo, podemos llegar a un punto en el que necesitamos renovarnos o refrescarnos. Me encanta enseñar la Palabra de Dios y escribir, pero de vez en cuando me canso de todo el trabajo que conlleva. No quisiera hacer otra cosa, pero llego a un punto en que necesito refrescarme. Necesito estudiar la Palabra de Dios para mí, no solo para enseñársela a otra persona. Estudio para mí diariamente, pero puedo necesitar un tiempo prolongado en el que descanse de mi trabajo y me dedique a fortalecerme espiritualmente.

Cuando nos cansamos, debemos recordar que es imprudente forzarnos sin tomarnos tiempo para dejar que Dios nos renueve y nos reanime. Si no descansamos, podemos volvernos gruñones con los demás o tomar decisiones emocionales que nos perjudiquen.

Las siguientes escrituras nos hacen saber que Dios es el único ser del universo que nunca se cansa. A todos nos pasa a veces, así que cuando te ocurra a ti, no te sientas culpable. En lugar de eso, tómate el tiempo necesario para reponerte.

> ¿Acaso no lo sabes? ¿Acaso no te has enterado? El Señor es el Dios eterno, creador de los confines de la tierra. No se cansa ni se fatiga y su inteligencia es insondable. Él fortalece al cansado y acrecienta

> las fuerzas del débil. Aun los jóvenes se cansan, se fatigan, los muchachos tropiezan y caen; pero los que confían en el Señor renovarán sus fuerzas; levantarán el vuelo como las águilas, correrán y no se fatigarán, caminarán y no se cansarán.
>
> Isaías 40:28-31

Tomarte un día para descansar en la presencia del Señor y esperar en Él renovará tus fuerzas. Entonces podrás volver a lo que tienes que hacer con renovado celo y pasión y serás capaz de disfrutarlo una vez más.

Todo el mundo necesita hacerlo. El director general de una gran empresa, una madre joven con niños pequeños en casa, y todos los demás necesitan tomarse tiempo para descansar y refrescarse. El mundo se refiere a esto como D&R (descanso y relajación) y es un hecho bien conocido que los que se toman tiempo para el D&R son más eficaces a largo plazo que los que se cansan y siguen empujando porque piensan que deben hacerlo.

No importa lo ocupado que estés: puedes encontrar una manera de descansar adecuadamente si realmente lo deseas. Si no lo hacemos por elección propia, podemos acabar viéndonos obligados a hacerlo por enfermedad física o agotamiento mental y emocional. Tomarnos un tiempo de nuestra actividad habitual y obtener el descanso que necesitamos es saludable para todos. Mereces renovarte, reanimarte y refrescarte con regularidad, así que no te niegues esta parte tan importante de la vida.

13

La Palabra de Dios nos permite caminar en libertad y a gusto

Y andaré en libertad [y tranquilo],
porque busco [y necesito desesperadamente]
tus preceptos.
Salmo 119:45 NBLA

La vida puede ser difícil si intentamos vivir según los caminos del mundo, pero cuando conocemos los caminos de Dios, todo cambia. Puede que la vida no sea fácil, pero podemos aprender a hacer las cosas difíciles con facilidad cuando confiamos en que Dios nos da la sabiduría y la fuerza para todo lo que tenemos que hacer. El salmista escribe que camina "libre y tranquilo" porque ha buscado e inquirido y requerido desesperadamente los preceptos de Dios, es decir, sus enseñanzas y sus caminos.

Andar en libertad significa gozar de libertad. Jesús dice, si permanecemos en su Palabra, conoceremos la verdad y la verdad nos hará libres (Juan 8:31-32). Y Lucas 4:18 dice que Jesús vino a liberar a los cautivos. Una de las emociones más negativas que mantiene cautiva a la gente es el miedo, y que Jesús nos libere del miedo es muy importante. Yo crecí con el miedo como compañero constante. Fui criada por padres abusivos y disfuncionales, y constantemente temía que mi padre se enojara conmigo o que me castigaran por algo. El miedo impide la libertad. Pero cuando andamos según los caminos de Dios, podemos vivir sin miedo a lo que nos pueda pasar, porque sabemos que Dios nos ama y siempre cuidará de nosotros. No debemos temer que Dios se enfade con nosotros. Aunque ciertamente puede enfadarse ante el pecado y la injusticia, no es un Dios colérico. Es misericordioso y bondadoso, siempre dispuesto a perdonar a quienes admiten su pecado y se arrepienten.

Como el salmista, debemos exigir y buscar desesperadamente conocer los caminos de Dios. Esta es la clave para disfrutar de nuestras vidas y encontrar soluciones a nuestros problemas. Además de buscar conocer los caminos de Dios, debemos confiar plenamente en Él. Cuando creemos (confiamos), entramos en su reposo, y eso nos permite vivir con tranquilidad (Hebreos 4:3). No tenemos que llevar nuestras cargas solos, porque Dios está con nosotros para ayudarnos y guiarnos.

¿Estás haciendo las cosas a la manera de Dios o a tu manera? Si estás tratando de hacer las cosas a tu manera, probablemente te sientas frustrado, y creas que la vida es dura. Pero puedes arrepentirte (reconocer tu pecado y pedirle a Dios que te perdone), hacer un cambio e ir en la dirección correcta ahora mismo. Esta es una enseñanza fundamental del Evangelio, y el Evangelio es una buena noticia. Siempre nos ofrece una solución a nuestros problemas.

Te recomiendo que estudies la Palabra de Dios no solo para absorber información, sino con el compromiso de hacer lo que lees. El apóstol Santiago dice que si escuchamos pero no practicamos la Palabra, nos engañamos a nosotros mismos con razonamientos contrarios a la verdad (Santiago 1:22).

Tal vez pienses: *Bueno, Joyce, yo podría obedecer más a Dios si no tuviera tantas presiones en la vida.* Jesús no vino a eliminar todas las presiones de la vida, pero sí vino a hacerte más fuerte. Cuando seas más fuerte, las presiones que una vez te derrotaron no te molestarán para nada. Podrás manejarlas con facilidad, porque la Palabra nos hace caminar en libertad y tranquilos. No estás solo y no tienes que manejar las presiones de la vida por ti mismo. Jesús dejó la tierra cuando terminó su misión aquí, pero no nos dejó solos; envió a su Espíritu Santo para que viviera en nosotros y nos ayudara (Juan 14:16-17). Su Espíritu es un ayudante santo que nos capacita para hacer cualquier cosa que Dios nos pida.

Exige desesperadamente la presencia de Dios en tu vida, búscalo diariamente y hazte dependiente de Él en cada situación. Entonces ya no experimentarás una vida tan dura que no creas poder manejar. Recuerda, la vida no siempre será fácil, pero podemos vivirla con una santa facilidad si ponemos nuestra fe en Dios.

14

La Palabra de Dios está llena de promesas de su misericordia y su gracia

Supliqué Tu favor con todo mi corazón;
ten piedad de mí conforme a Tu promesa.

Salmo 119:58 NBLA

La Palabra de Dios contiene miles de promesas. Entre ellas encontramos promesas del favor, la misericordia y la gracia de Dios, junto con muchas otras bendiciones. Si entendemos el favor, la misericordia y la gracia, estas son buenas noticias, pero si no las entendemos, puede que las pasemos por alto y no comprendamos las increíbles promesas que Dios nos ha hecho.

Cuando tenemos el favor de Dios y Él nos da el favor de la gente, significa que Él abre para nosotros puertas que nunca podríamos abrir por nosotros mismos. Cuando tienes el favor de Dios, puedes ser escogido para un trabajo por encima de otros cien solicitantes, le caerás bien a la gente y ni siquiera sabrás por qué, y disfrutarás viendo a Dios hacer por ti cosas que solo pueden suceder porque Él las orquesta para ti. El favor no puede ganarse ni merecerse, pero puede y debe recibirse con gratitud. Si no lo has hecho antes, te animo a que empieces a orar y a esperar el favor de Dios en tu vida.

Los favores deben recibirse con gratitud.

He experimentado el favor de Dios muchas veces. Empleados de tiendas me han dado un precio de oferta en un artículo cuando la venta terminó el día anterior. He tenido trabajos para los cuales no estaba calificada, con base en mis habilidades naturales o entrenamiento, pero Dios me permitió hacerlos. He tenido oportunidades de ministrar en áreas fuera de los Estados Unidos donde a nadie se le había permitido ministrar el evangelio anteriormente. Estoy segura de que tú has experimentado cosas similares, pero tal vez no te diste cuenta de que venían del favor de Dios en tu vida.

En el Salmo 119:58, el salmista reza pidiendo el favor de Dios. En esta misma oración, le pide a Dios que sea misericordioso y bondadoso con él: "Supliqué Tu favor con todo mi corazón; ten piedad de mí conforme a Tu promesa" (NBLA).

Ser misericordioso forma parte del carácter de Dios.

La misericordia es absolutamente asombrosa. Ser misericordioso es parte del carácter de Dios. La misericordia es otra bendición que no se puede ganar ni merecer. Dios la da como un acto de su naturaleza bondadosa y su gran amor por nosotros, y esto debería inspirarnos una enorme gratitud. En el Salmo 23:6, David escribe que la bondad y la misericordia de Dios lo seguirían todos los días de su vida. Según Lamentaciones 3:22-23, las misericordias de Dios son nuevas cada mañana, y si no fuera por las misericordias de Dios, seríamos consumidos. Merecemos castigo, pero Dios nos da misericordia. ¿Podemos hacer lo mismo por los demás? Esto es lo que Dios quiere que hagamos.

Gracias a Jesús, nuestro Sumo Sacerdote, que ha sido tentado como nosotros, pero sin pecar, podemos acercarnos audazmente a Dios con nuestras necesidades:

> Así que acerquémonos con toda confianza al trono de la gracia de nuestro Dios. Allí recibiremos su misericordia y encontraremos la gracia que nos ayudará cuando más la necesitemos.
>
> Hebreos 4:16 NTV

He aquí una escritura maravillosa sobre la misericordia de Dios que siempre me reconforta:

> Pero Dios, que es rico en misericordia, por su gran amor por nosotros, nos dio vida con Cristo, aun cuando estábamos muertos en pecados. ¡Por gracia ustedes han sido salvados!
>
> Efesios 2:4-5

El Salmo 119:58 también nos recuerda que Dios es misericordioso. La gracia es el favor inmerecido de Dios, y a mí me gusta decir que también es el poder de Dios que viene a nosotros gratuitamente para ayudarnos a hacer con facilidad lo que nunca podríamos hacer por nosotros mismos, sin importar cuánto lucháramos y nos esforzáramos. Somos salvos por gracia mediante la fe (Efesios 2:8), y debemos vivir de la misma manera en que somos salvos: por gracia mediante la fe.

Tenemos que pedir a Dios su gracia en todo lo que hacemos. Con su ayuda, cosas que nos serían imposibles de hacer se hacen posibles. Cuando aprendemos a pedir y recibir la gracia de Dios, la vida se hace más fácil y podemos vivir en el descanso de Dios y disfrutarlo en todo lo que hacemos. La vida no tiene por qué ser una lucha cuando vivimos en el favor, la misericordia y la gracia de Dios.

15

La Palabra de Dios nos da buen juicio, sabio y recto discernimiento, y conocimiento

Enséñame buen juicio y conocimiento,
pues creo en Tus mandamientos.
Salmo 119:66 NBLA

Creo que podemos resumir el buen juicio, el recto discernimiento y el conocimiento en una palabra: *sabiduría*. La sabiduría es una de las cualidades más importantes con las que podemos obrar, y nos promete larga vida, prosperidad, seguridad, tranquilidad, intrepidez, éxito y buena salud, entre otras bendiciones (Proverbios 1:33; 3:13-18; 4:6-7; Eclesiastés 7:12; Mateo 7:24-29; Efesios 1:16-21:18; 2 Crónicas 1:7-12).

Para poder obrar con sabiduría, debemos conocer la Palabra de Dios y tomarnos nuestro tiempo para tomar decisiones, y así asegurarnos de que serán decisiones sabias. La sabiduría está en las intersecciones de la vida, llamándonos para que la sigamos (Proverbios 1:20-21).

Además de la sabiduría, también es importante que actuemos con el discernimiento que nos da el Espíritu Santo. El discernimiento nos ayuda a percibir la diferencia entre el bien y el mal, lo correcto y lo incorrecto, la verdad y el error. Rezo regularmente por el discernimiento. El discernimiento es más profundo que la emoción o el pensamiento humano, y si lo buscamos, tomaremos decisiones correctas que nos lleven a una vida que podamos disfrutar.

Todos hemos tomado decisiones basadas en las emociones y después nos hemos arrepentido. Algunas de esas decisiones pueden haber sido menores, y quizá no hayan causado grandes problemas, pero otras pueden haber cambiado tu vida. Permíteme animarte a crecer en sabiduría tomándote un tiempo para pensar realmente en cualquier decisión importante que estés tomando. A menudo es mejor consultar con la almohada una decisión y ver si a la mañana siguiente te sientes igual que la noche anterior. Otro buen ejercicio es tratar de pensar en las consecuencias que tu decisión tendrá en tu vida.

Me encantan los perros, y más de una vez he comprado un cachorro basándome en las emociones y luego he tenido que regalarlo porque mi estilo de vida es demasiado ajetreado como para dedicarme al trabajo que requiere un cachorro. Me gusta el lado emocional y divertido de tener uno, pero realmente no quiero esa responsabilidad. Todo lo que nos gusta en la vida conlleva una responsabilidad, y debemos tener en cuenta tanto el placer como la responsabilidad a la hora de tomar decisiones.

El buen juicio nos ahorra muchos problemas, ansiedad y estrés. La mayoría de nosotros vivimos vidas rápidas y ajetreadas, y la única manera de tener buen juicio, discernimiento sabio y conocimiento es ir más despacio. Cuanto más rápido tomamos decisiones, más probable es que tomemos decisiones malas. Antes de que tomes tu siguiente decisión, pregúntate si simplemente te entusiasma o si realmente te da paz.

Las personas sabias que usan el buen juicio se prepararán para el futuro ahorrando parte de todo lo que ganan. Dios promete muchas bendiciones a las personas que son generosas con los pobres. Tanto ahorrar como dar es de sabios.

Solo una vida guiada por la Palabra de Dios puede disfrutarse de verdad.

En resumen, una vida guiada por la Palabra de Dios es la única que podemos disfrutar de verdad. Su Palabra tiene la respuesta a cualquier problema que podamos enfrentar y nos muestra la manera correcta y la manera incorrecta de vivir. La elección es nuestra, pero Dios nos aconseja elegir lo que ministrará vida y traerá bendiciones a otros y a nosotros mismos.

16

La Palabra de Dios es mejor que miles de piezas de oro y plata

Para mí es más valiosa tu ley
que miles de piezas de plata y oro.
Salmo 119:72

La Palabra de Dios está llena de escrituras que nos advierten del peligro del amor al dinero. Primera de Timoteo 6:10 dice: "Porque la raíz de todos los males es el amor al dinero, por el cual, codiciándolo algunos, se extraviaron de la fe y se torturaron con muchos dolores" (NBLA).

Cuando ponemos la búsqueda del dinero y los bienes materiales antes que a Dios, cometemos un gran error. El salmista sabía que conocer los mandamientos de Dios y seguirlos era más importante que todo el dinero del mundo. Estoy seguro de que también sabía que siguiendo la Palabra de Dios y poniéndolo a Él en primer lugar en su vida, todas sus necesidades financieras estarían cubiertas y viviría una vida abundante.

Si buscamos primero el Reino de Dios que, según la Biblia Amplificada, Edición Clásica, es "su manera de hacer y estar bien", Él promete darnos por añadidura todas las demás cosas que podamos desear (Mateo 6:33). Si nos deleitamos en Dios, Él nos concederá los deseos de nuestro corazón (Salmo 37:4).

Solo Dios puede darte verdadera satisfacción.

El dinero por sí solo nunca puede satisfacernos (Eclesiastés 5:10). Dios nos creó para Él, y solo Él puede darnos verdadera satisfacción. Satanás utiliza el dinero y las posesiones para alejar a la gente de su relación con Dios. Incluso trató de hacer esto con Jesús cuando lo tentó y lo puso a prueba durante los cuarenta días que estuvo en el desierto:

> Entonces el diablo lo llevó a un lugar alto y le mostró en un instante todos los reinos del mundo.
>
> —Sobre estos reinos y todo su esplendor —le dijo—, te daré la autoridad, porque a mí me ha sido entregada y puedo dársela a quien yo quiera. Así que, si me adoras, todo será tuyo.
>
> Lucas 4:5-7

Jesús resistió inmediatamente la tentación del enemigo citando las Escrituras: "Escrito está: 'Adora al Señor tu Dios y sírvele solamente a él'" (Lucas 4:8). Si Satanás trató de tentar incluso a Jesús con el amor al dinero, sin duda podemos esperar ser tentados de la misma manera. A menudo oímos historias de personas que una vez amaron a Dios y luego, cuando fueron bendecidos con el éxito, incluyendo dinero y posesiones, se alejaron de Dios y acabaron perdiéndolo todo.

Cuando Dios condujo a los israelitas por el desierto hacia la Tierra Prometida, les dijo que los llevaría a un lugar donde tendrían abundancia de todo (Deuteronomio 8:7-9). Luego les advirtió que no pensaran que habían acumulado tanta riqueza por su propio esfuerzo y les dijo que no se olvidaran de Él. Si se olvidaban de Él, serían destruidos (Deuteronomio 8:10-20).

No hay nada malo en disfrutar de cosas bonitas y ser bendecido financieramente, pero debemos tener cuidado de no dejar que nuestras bendiciones nos alejen de Dios. La Palabra de Dios da una buena dirección a los ricos:

> A los ricos de este mundo, mándales que no sean arrogantes ni pongan su esperanza en las riquezas, que son tan inseguras, sino en Dios. Él nos provee de todo en abundancia para que lo disfrutemos. Mándales que hagan el bien, que sean ricos en buenas obras, generosos y dispuestos a compartir lo que tienen. De este modo, atesorarán para sí un seguro fundamento para el futuro y obtendrán la vida verdadera.
>
> 1 Timoteo 6:17-19

Utiliza las posesiones y el dinero para servir a Dios, sé bueno con las personas menos afortunadas que tú y mantén siempre a Dios en primer lugar en tu vida. Solo entonces estarás capacitado para manejar adecuadamente el éxito, la riqueza y la abundancia de bendiciones materiales.

17

La Palabra de Dios nos hace más sabios que nuestros enemigos

Tus mandamientos me hacen más sabio que mis enemigos,
porque siempre están conmigo.
Salmo 119:98

Ser más sabios que nuestros enemigos nos beneficia de muchas maneras. Nos mantendrá a salvo de cualquier cosa que estén tramando para hacernos daño o perjudicarnos, y nos ayudará a superar sus malvados planes. En Éxodo 23:20, Dios envía un ángel para conducir a su pueblo al lugar que ha preparado para ellos. Hablando de este ángel, les dice: "Si lo obedeces y cumples con todas mis instrucciones, seré enemigo de tus enemigos y me opondré a quienes se te opongan" (Éxodo 23:22). Esta es una promesa maravillosa que ayuda a eliminar el miedo y la ansiedad de nuestras vidas.

Como tú, he sido herida y he soportado muchas injusticias en la vida, pero también he visto a Dios librarme y devolverme el doble de lo que mis enemigos me quitaron. Aunque mi padre abusó sexualmente de mí durante muchos años, Dios me libró de la vergüenza que me causó y me ha dado honor.

Dios nos dice que amemos a nuestros enemigos, los perdonemos, recemos por ellos y les demos nuestra bendición (Mateo 5:43-48; Lucas 23:34). Esta es una manera de ser más sabios que ellos, porque amar a quienes nos han hecho daño nos permite vencer el mal con el bien (Romanos 12:21).

Amar a nuestros enemigos es difícil porque parece profundamente injusto, pero Dios será nuestro Vindicador si hacemos las cosas a su manera. Piensa en Jesús, que soportó el dolor y la vergüenza de la cruz para que nuestros pecados fueran perdonados. Esto no fue justo de acuerdo con nuestro modo de pensar, pero fue la voluntad de Dios. Y después de que Jesús obedeció a su Padre celestial con su muerte en la cruz, se le dio "el nombre que está sobre todo nombre, para que ante el nombre de Jesús se doble toda rodilla en el cielo y en la tierra y debajo de la tierra" (Filipenses 2:9-10).

Después de que Jesús obedeció a su Padre muriendo en la cruz para que pudiéramos salvarnos, ascendió a lo alto y se sentó a la diestra de Dios a esperar que sus enemigos fueran puestos por estrado de sus pies (Hebreos 10:12-13).

Dios siempre recompensa la obediencia. La Biblia dice que, para agradar a Dios, debemos creer que Él existe y que él "recompensa a los que le buscan" (Hebreos 11:6). ¿Crees que Dios recompensa? ¿Crees que si conoces, amas y obedeces su Palabra, Él te hará más sabio que tus enemigos?

Satanás desea atacar y derrotar a los hijos de Dios, pero no puede tener éxito si damos a la Palabra de Dios el primer lugar en nuestra vida. Cuando lo hacemos, ganamos sabiduría y reconoceremos los ataques de Satanás en lugar de ser engañados y derrotados. Es la voluntad de Dios que siempre tengamos victoria, y la manera en que alcanzamos la victoria en cada situación es obedeciendo su Palabra.

REZA POR TUS ENEMIGOS

Jesús nos enseña a amar a nuestros enemigos y a rezar por quienes nos maltratan (Mateo 5:44). Cuando rezamos por las personas, le damos a Dios una puerta abierta para que actúe en sus vidas. La decisión de cambiar sigue dependiendo de ellos, pero cuando rezamos, hacemos lo que Dios nos pide. Entonces podemos dejarle el problema a Él y disfrutar de nuestras vidas mientras esperamos a que Él actúe. Oré por mi padre para que se arrepintiera y recibiera a Jesús como su Salvador durante más de treinta años. A mis ojos, parecía que nunca cambiaría. Decidí que orar por él no servía de nada y dejé de hacerlo por un tiempo. Pero Dios me dijo que no me rindiera y continué orando. Cuando mi padre tenía ochenta años, por fin me dijo que lamentaba los abusos y nos pidió a Dave y a mí que rezáramos con él por su salvación. Te animo a que no renuncies a rezar por las personas. A ti te toca rezar; los resultados dependen de Dios y de la persona por la que rezas. Reza y entrega a tus enemigos en las manos de Dios, y tendrás la alegría de ver cómo Él hace justicia en tu vida.

No renuncies a rezar por las personas.

18

La Palabra de Dios nos ilumina y nos muestra cómo vivir

Lámpara es a mis pies tu palabra,
y luz para mi camino.
Salmo 119:105 NBLA

El Salmo 119:105 habla de Dios guiándonos. Su Palabra nos orienta y nos muestra qué hacer en cada situación. Proverbios 3:5-7 también nos anima y nos hace saber que Dios nos guiará: "Confía en el Señor con todo tu corazón y no te apoyes en tu propio entendimiento. Reconócelo en todos tus caminos y él enderezará tus sendas. No seas sabio a tus propios ojos; teme al Señor y apártate del mal" (NBLA).

Me gusta Proverbios 3:7, que nos advierte que no seamos sabios ante nuestros propios ojos. Para mí, esto significa que ni siquiera debo pensar en que soy lo suficientemente sabia como para dirigir y gestionar mi propia vida sin la ayuda de Dios.

Tal como nos dice este pasaje de Proverbios 3 en el versículo 6, si reconocemos a Dios en todos nuestros caminos, Él dirigirá nuestras sendas. Reconocer a Dios significa simplemente decirle que aceptas su voluntad y que estás dispuesto a cambiar la dirección que has planeado cuando Él te guíe a hacerlo. Reconocer a Dios le muestra respeto. Dios a menudo nos deja hacer lo que queremos, pero a veces una dirección que pretendemos tomar nos causará problemas a menos que tengamos la guía divina de Dios. El Espíritu Santo habita en nuestro interior, y uno de sus trabajos es ser nuestro guía en la vida (1 Corintios 3:16; Juan 14:16-17; 16:13).

Cuando la gente escala una montaña por primera vez, suele contratar a un guía que tenga experiencia en esa montaña en concreto. Cuando tenemos un guía, no perdemos el tiempo cometiendo errores y yendo en la dirección equivocada. Un guía puede llevarte a lugares a los que nunca habrías pensado ir, señalarte cosas peligrosas de las que no te habrías dado cuenta y mantenerte alejado de los problemas.

Estoy agradecida de haber tenido al Espíritu Santo para guiarme en mi vida y ministerio. Cuando empecé en el ministerio, no tenía experiencia y no sabía qué hacer. Pero el Espíritu Santo nos ha guiado paso a paso durante los últimos cuarenta años, y mientras hemos seguido su guía, hemos tenido éxito en las cosas que hemos hecho.

Isaías comparte con nosotros esta promesa: "Ya sea que te desvíes a la derecha o a la izquierda, tus oídos percibirán a tus espaldas una voz que te dirá: 'Este es el camino; síguelo'" (Isaías 30:21). Por supuesto, si queremos oír a Dios y ser guiados por Él, tenemos que escuchar su voz y estar dispuestos a cambiar si nos indica que hagamos algo distinto de lo que habíamos planeado.

Múltiples escrituras nos dicen que necesitamos la ayuda de Dios para guiar nuestras vidas. Por ejemplo:

- "El corazón del hombre traza su rumbo, pero sus pasos los dirige el Señor" (Proverbios 16:9).
- "Hay un camino que al hombre le parece recto, pero acaba por ser camino de muerte" (Proverbios 14:12).
- Jesús dice: "Separados de mí no pueden ustedes hacer nada" (Juan 15:5).

No puedo imaginar lo horrible que hubiera sido mi vida si no hubiera tenido al Espíritu Santo y la Palabra de Dios guiándome. Es muy fácil dejarse guiar por nuestros propios pensamientos y emociones, pero cuando lo hacemos, casi siempre nos metemos en problemas. Te insto a que dejes que la Palabra de Dios sea una lámpara para tus pies y una luz para tu camino. Sigue la guía del Espíritu Santo y disfrutarás mucho más de tu vida.

19

La Palabra de Dios cumple el propósito de Dios

Así como la lluvia y la nieve descienden del cielo, y no vuelven allá sin regar antes la tierra y hacerla fecundar y germinar para que dé semilla al que siembra y pan al que come, así es también la palabra que sale de mi boca: No volverá a mí vacía, sino que hará lo que yo deseo y cumplirá con mis propósitos.

Isaías 55:10-11

La Palabra de Dios es mucho más que una colección de escritos antiguos o un libro de buenos consejos; está llena de poder inherente. Cuando Dios habla, el poder para realizar lo que dice acompaña sus palabras. Él dice en Isaías 55:11 que su Palabra "no volverá a mí vacía". La versión Traducción en Lenguaje Actual (TLA) dice que "no vuelve a mí sin antes cumplir mis órdenes". Esto significa que no es ineficaz ni impotente. Cuando Dios habla, las cosas suceden. Esto no se debe a las palabras en sí, sino a que Dios (que es todopoderoso) es el que las dice.

Liberas poder al hablar la Palabra de Dios.

Muchas veces, no hablamos la Palabra de Dios porque estamos muy ocupados hablando nuestras propias palabras. Hablamos de cómo nos sentimos, de lo que pensamos, de lo que queremos hacer, o de quién nos ha herido u ofendido. Estos comentarios no cambian nuestras situaciones. Pero cuando hablamos la Palabra de Dios, liberamos poder. Su Palabra, hablada con fe de la boca de un creyente, puede cambiar las circunstancias.

En la vida nos enfrentamos a todo tipo de hechos, y a menudo pensamos que los hechos son situaciones que simplemente son como son. Nos enfrentamos a hechos en nuestras relaciones, nuestros trabajos, nuestras finanzas, nuestra salud y otras áreas de nuestras vidas. Creemos que no pueden cambiar. Pero cuando un hecho se encuentra con la Palabra de Dios, el cambio es posible.

Piensa en esto: en el Nuevo Testamento, el amigo de Jesús, Lázaro, estaba muerto (Juan 11:14). Eso era un hecho. Pero cuando Jesús se acercó a su tumba, donde había yacido durante cuatro días, simplemente habló en voz alta: "¡Lázaro, sal fuera!". (Juan 11:43). Y Lázaro salió de la tumba (Juan 11:44).

Hay muchos relatos en los Evangelios sobre ocasiones en las que Jesús habló y los hechos cambiaron. Resucitó a los muertos, curó a los enfermos, liberó a los oprimidos, devolvió la vista a los ciegos e hizo caminar a los cojos, a veces solo con sus palabras. Nunca debemos exaltar los hechos de nuestras circunstancias por encima del poder de la Palabra de Dios.

La Palabra de Dios está llena de promesas para cualquiera que las crea y actúe de acuerdo con ellas. Puede que estés lidiando con hechos difíciles en tu vida, y tal vez te sientas impotente para cambiarlos con tus propias fuerzas. Permíteme animarte a que empieces a hablar la Palabra de Dios en estas circunstancias. Date cuenta de que cuando hablas la Palabra de Dios, creyendo y confiando en que Dios la ejecutará, es poderosa. Y mira lo que Dios hará para cambiar las situaciones para ti.

No estoy diciendo que debas ignorar los hechos a los que te enfrentas, sino que debes ajustar tu perspectiva y darte cuenta de que, por el poder de la Palabra de Dios, pueden cambiar. Su Palabra es verdad (Juan 17:17), y la verdad es más grande que los hechos.

En Lucas 8:5-11, Jesús compara la Palabra de Dios con una semilla. Cada semilla natural tiene poder en ella: el poder para convertirse eventualmente en un árbol, una flor, un vegetal, o lo que sea que esté dentro de ella. Cuando tú plantas la semilla de su Palabra en tu corazón hablándola, orándola, obedeciéndola y creyendo en ella, producirás una cosecha y cumplirás el propósito de Dios en tu vida.

20

La Palabra de Dios nos da esperanza

Tú eres mi refugio y mi escudo;
en tu palabra he puesto mi esperanza.
Salmo 119:114

La esperanza es algo asombroso. No es una cualidad inestable que te lleva a decir: "Bueno, tal vez Dios hará algo con mi situación, pero no estoy seguro". La esperanza bíblica no es como la esperanza de la que habla la gente en el mundo. La esperanza mundana es inestable y cambia con nuestras circunstancias, pero la esperanza bíblica es una expectativa confiada de que algo bueno va a suceder. *Esperar* significa aguardar en Dios con expectación.

Proverbios 13:12 dice que "la esperanza aplazada enferma el corazón, pero el anhelo cumplido es árbol de vida". En otras palabras, si aplazamos la esperanza de cosas buenas, nos desanimaremos y deprimiremos. Emocionalmente, necesitamos los efectos positivos de la esperanza en nuestra vida.

Me animo cuando leo que el Dios de la esperanza me llena de alegría y de paz (Romanos 15:13). Recuerdo una ocasión en la que había perdido la alegría y me sentía mal emocionalmente. Después de preguntarle a Dios qué me pasaba, Él me guio a esta escritura, y me di cuenta de que había perdido mi gozo y mi paz porque tenía una actitud negativa hacia las circunstancias de mi vida en lugar de mantener la esperanza de que Dios iba a hacer algo maravilloso por mí.

Hebreos 6:19 nos enseña que la esperanza es el ancla de nuestras almas. Un ancla es lo que mantiene a un barco en su lugar cuando está atracado y esperando para zarpar de nuevo. Hay momentos en que podemos sentir que nuestra vida está "atracada". Nada está sucediendo y solo estamos esperando a ver qué hará Dios a continuación. Pero la verdadera esperanza bíblica significa que esperamos en Dios con confianza. Entonces, cuando esperamos con esperanza, ancla nuestra mente y emociones a Dios en fe.

La esperanza es el ancla
de tu alma.

Dios tiene un buen plan para tu vida: "Porque yo conozco los planes que tengo para ustedes —afirma el Señor—, planes de bienestar y no de calamidad, a fin de darles un futuro y una esperanza" (Jeremías 29:11). Tal vez hayas cometido muchos errores y tu vida sea ahora un gran desastre. Dios no te ha olvidado ni ha abandonado el plan que tiene para ti. Recuerda, su plan es hacer que prosperes y darte esperanza y un futuro. Por fortuna, cuando ponemos nuestra fe en Dios, nunca tenemos que mirar hacia atrás; siempre podemos mirar hacia adelante, hacia las cosas buenas que nos esperan. He oído que, si Dios quisiera que miráramos hacia atrás, nos habría puesto ojos en la nuca.

Te animo a que expreses tu esperanza. Cuando la gente te pregunte por tus problemas, diles que tu fe está en Dios y que tienes la esperanza de que Él hará algo maravilloso.

El apóstol Pedro escribe que hemos nacido de nuevo en una "esperanza viva":

> ¡Bendito sea Dios, Padre de nuestro Señor Jesucristo! Por su gran misericordia, nos ha hecho nacer de nuevo mediante la resurrección de Jesucristo de entre los muertos, para que tengamos una esperanza viva.
>
> 1 Pedro 1:3

Cuando caminamos con Dios, nunca nos quedamos sin esperanza, sean cuales sean nuestras circunstancias o cuánto han durado. Demos gracias por la promesa de Dios de ayudarnos cuando sufrimos. Nunca estamos solos ni olvidados. Ten esperanza y espera que Dios haga algo asombroso en tu vida.

Nunca estás solo ni olvidado.

21

La Palabra de Dios ilumina y disipa las tinieblas

La exposición de tus palabras nos da luz
y da entendimiento al sencillo.
Salmo 119:130

Muchas personas viven en tinieblas, y yo fui una de ellas durante mucho tiempo. Vivir en tinieblas significa no conocer la verdad de la Palabra de Dios y vivir una vida muy por debajo de su voluntad (lo que Él desea para nosotros). Las tinieblas simbolizan todo lo que es dañino, perverso y malo. Cuando vivimos en la oscuridad, somos miserables, pero no tenemos idea del porqué. Solo cuando la luz entra en nuestra vida nos damos cuenta de lo mala que nuestra vida ha sido.

Jesús es la luz del mundo. Él disipa las tinieblas, y las tinieblas nunca podrán apagar la luz (Juan 1:5). Él nos muestra y pone a nuestra disposición la vida victoriosa, que es nuestra si la queremos.

Cuando vivía en la oscuridad, mi comportamiento era totalmente egoísta, estaba enojada y no tenía paz. Estaba llena de falta de perdón hacia las personas que me habían herido y no tenía alegría. Realmente no sabía que había otra manera de vivir. La entrada de la Palabra de Dios trae luz a nuestras vidas (Salmo 119:130), y cuando comencé a estudiar la Palabra de Dios, empecé a ver la verdad que eventualmente me haría libre (Juan 8:32). Tuve que recibir la verdad y aplicarla a mi vida antes de experimentar el cambio, y ciertamente no todo ha sido fácil, pero ha merecido la pena. Ahora vivo en la luz.

La Palabra de Dios nos enseña lo que está bien y lo que está mal, y nos muestra cómo tomar decisiones piadosas que liberarán las bendiciones de Dios en nuestras vidas. Pero debemos aplicar la Palabra de Dios y hacer lo que dice. Santiago 1:22-25 nos enseña que si escuchamos la Palabra, pero no actuamos de acuerdo con ella, nos engañamos a nosotros mismos.

Muchos cristianos erróneamente piensan que su única responsabilidad espiritual es ir a la iglesia, pero Dios también espera que aprendamos su Palabra y hagamos lo que dice. Cuando todos nos vean caminando en la voluntad de Dios y observen las bendiciones que esto libera, querrán conocer a Jesús también. La mejor manera de ser testigos de Cristo es hacer lo que decimos que creemos. Las acciones hablan más fuerte que las palabras.

Para ser testigo de Cristo,
haz lo que dices que crees.

Jesús dice que ahora somos la luz del mundo:

> Ustedes son la luz del mundo. Una ciudad en lo alto de una montaña no puede esconderse. Tampoco se enciende una lámpara para cubrirla con una vasija. Por el contrario, se pone en el candelero para que alumbre a todos los que están en la casa. Hagan brillar su luz delante de todos, para que ellos puedan ver las buenas obras de ustedes y alaben a su Padre que está en los cielos.
>
> Mateo 5:14-16

Es importante que hagamos las buenas obras que Dios ha preparado de antemano para nosotros (Efesios 2:10). Nuestras obras no nos llevan al cielo, porque somos salvos solo por gracia (Efesios 2:8); sin embargo, nuestras obras revelan el amor y la bondad de Dios a la gente de este mundo, y recibimos recompensas en el cielo por lo que hemos hecho durante nuestra vida terrenal.

Cuando Dios creó el mundo, la Biblia dice que "las tinieblas cubrían el abismo… Y dijo Dios: 'Que haya luz'; y la luz llegó a existir" (Génesis 1:2-3). La luz fue lo primero que creó, lo que demuestra su importancia.

Algunas personas aman más las tinieblas que la luz porque sus obras son malas (Juan 3:19-20). Debemos orar por aquellos que moran en las tinieblas para que dejen entrar la luz de la Palabra de Dios en sus vidas y puedan ser liberados.

22

La Palabra de Dios nos orienta y muestra qué hacer

Guía mis pasos conforme a tu promesa;
no permitas que ninguna iniquidad me domine.
Salmo 119:133

Creo sinceramente que todas las respuestas que necesitamos para cualquier situación que se nos presente pueden encontrarse en la Palabra de Dios. La Palabra nos instruye en la forma en que debemos vivir para disfrutar de la vida que Jesús quiere que vivamos, y cuyo precio pagó con su muerte. La Palabra de Dios nos muestra qué hacer y qué no hacer, pero debemos elegir obedecerla. Saber qué es lo correcto y no hacerlo es pecado (Santiago 4:17).

Como escribe el salmista, cuando dejamos que la Palabra de Dios dirija nuestros pasos, el pecado no nos domina. Seguiremos siendo tentados, pero como conocemos la Palabra, reconoceremos la tentación y la resistiremos con el poder de Dios.

Jesús dice que, si lo amamos, lo obedeceremos (Juan 14:15). Él ya nos ama perfecta e incondicionalmente. Nuestra obediencia no hace que nos ame más, pero demuestra que lo amamos.

Cuando Pedro y los demás apóstoles predicaban en Jerusalén, el sumo sacerdote les dijo que no predicaran en nombre de Jesús (Hechos 5:27-28), pero ellos replicaron: "¡Es necesario obedecer a Dios antes que a los hombres!" (Hechos 5:29). Esta es la actitud que todos deberíamos tener, porque si somos complacientes con la gente, podemos acabar desobedeciendo a Dios.

Un complaciente puede acabar desobedeciendo a Dios.

Nuestra obediencia o desobediencia no solo afecta nuestra vida, sino a todos los que forman parte de ella. Adán desobedeció a Dios, y eso hizo que mucha gente pecara. Pero Jesús fue obediente a Dios, y de este modo hizo justas a muchas personas (Romanos 5:19).

Nuestros hijos a menudo nos han dado las gracias a Dave y a mí por obedecer a Dios, porque saben que nuestra obediencia ha influido positivamente en sus vidas. Ahora, las decisiones que ellos toman afectan a sus hijos (nuestros nietos). Debemos recordar que todo lo que hacemos tiene un efecto dominó.

Todo lo que Dios nos dice que hagamos o dejemos de hacer es por nuestro bien. Si creemos esto, ser obedientes será más fácil incluso cuando sea difícil hacerlo. Posiblemente uno de los mandamientos más difíciles de obedecer es perdonar, bendecir y orar por nuestros enemigos (Lucas 6:27-28; 23:34), pero si lo hacemos, liberaremos muchas bendiciones en nuestras vidas. Nunca debemos basar el perdón en nuestros sentimientos. El perdón no es un sentimiento, sino una decisión sobre cómo tratamos a las personas que nos han herido. La bondad de Dios lleva a la gente al arrepentimiento (Romanos 2:4), y cuando somos buenos con personas que no lo han sido con nosotros, podemos derretir sus duros corazones y ayudarles a abrirse a tener una relación con Jesús.

El perdón es una decisión sobre cómo tratamos a las personas.

Te animo a que dediques tiempo al estudio de la Palabra de Dios diariamente. Nunca se estudia demasiado. Incluso leer los mismos pasajes bíblicos una y otra vez es beneficioso, porque tendemos a olvidar las cosas y necesitamos que nos las recuerden. En su carta a los filipenses, Pablo les dijo que no le costaba nada repetirles "lo mismo" que les había enseñado

(Filipenses 3:1). Sabía que necesitaban oír la Palabra de Dios una y otra vez. Por eso la Biblia incluye tantos pasajes sobre la meditación de la Palabra de Dios (Salmo 1:1-2; 119:15, 97). Dios le dijo a Josué que meditara en la Palabra día y noche, para que observara e hiciera conforme a todo lo que está escrito en ella y así hacer prosperar su camino, para tener éxito (Josué 1:8). Las mismas instrucciones (y las mismas bendiciones) se aplican a ti y a mí.

A lo largo de los años he aprendido a amar la Palabra de Dios. Me mantiene en la luz y dirige mi camino. El tiempo que paso con la Palabra es tiempo bien invertido, y también lo será para ti. Dale a la Palabra un lugar primordial en tu vida, y cuando necesites saber qué hacer, tendrás las respuestas oportunas.

23

Jesús es la Palabra

En el principio era el Verbo, y el Verbo estaba con Dios,
y el Verbo era Dios. Él estaba con Dios en el principio.
Por medio de él todas las cosas fueron creadas;
sin él nada de lo creado llegó a existir.
En él estaba la vida, y la vida era la luz de la humanidad.

Juan 1:1-4

Es importante recordar que Jesús es el Verbo que se hizo carne y vino a esta tierra para pagar por nuestros pecados y salvarnos (Juan 1:14; 1 Pedro 2:24). No solo sabemos esto basándonos en Juan 1:1-4, sino que también lo leemos en Apocalipsis 19:13, refiriéndose a Jesús: "Está vestido con un manto teñido de sangre, y su nombre es 'el Verbo de Dios'". Recordar que Jesús es la Palabra nos ayuda a reverenciar la Palabra de Dios y a darnos cuenta de que cuando escuchamos, leemos o estudiamos las Escrituras, estamos estudiando a Jesús.

Jesús es Dios y nos revela a Dios Padre. Él dice: "El que me ha visto a mí, ha visto al Padre" (Juan 14:9). El estudio de la Palabra (Jesús) nos enseña el carácter de Dios. Es bueno, bondadoso, misericordioso, amoroso, y perdona. También odia al pecado, pero no odia a los pecadores. Él los ama y trabaja con ellos para llevarlos a la fe en Él. Dios también es santo, y debemos tenerle un temor reverencial y respetuoso. No quiero decir que debamos temer a Dios en el sentido de que temamos que pueda hacernos daño, sino que debemos tener un temor respetuoso al darnos cuenta de que Él tiene todo el poder, lo sabe todo y está en todas partes todo el tiempo. Dios ve y es plenamente consciente de todo lo que hacemos. Ve lo que hay detrás y lo que hay delante, todas las amenazas, todos los peligros. No hay lugar al que podamos ir para escondernos de Él, como nos enseñan estas escrituras:

> Si subiera al cielo, allí estás tú; si tendiera mi lecho en el fondo de los dominios de la muerte, también estás allí. Si me elevara sobre las alas del alba, o me estableciera en los extremos del mar, aun allí tu mano me guiaría, ¡me sostendría tu mano derecha! Y si dijera: "Que me oculten las tinieblas; que la luz se haga noche en torno mío". Ni las tinieblas serían oscuras para ti y aun la noche sería clara como el día. ¡Lo mismo son para ti las tinieblas que la luz!
>
> Salmo 139:8-12

> Los ojos del Señor están en todo lugar, *vigilando a los buenos y a los malos.*
>
> Proverbios 15:3 (el énfasis es mío)

> Dios juzgará toda obra, buena o mala, aun la realizada en secreto.
>
> Eclesiastés 12:14

Merece la pena meditar en estos versículos bíblicos porque darnos cuenta de que Dios ve y sabe todo lo que hacemos nos ayuda a tomar decisiones correctas.

Mucha gente hoy en día puede pensar que se esconde de Dios, pero es imposible esconderse de Él. Todo lo que está oculto en la oscuridad saldrá un día a la luz:

> No hay nada encubierto que no llegue a revelarse ni nada escondido que no llegue a conocerse. Así que todo lo que ustedes han dicho en la oscuridad se dará a conocer a plena luz y lo que han susurrado a puerta cerrada se proclamará desde las azoteas.
>
> Lucas 12:2-3

La Palabra de Dios es poderosa y revela la voluntad de Dios. Conocer la Palabra es conocer a Dios y a Jesús. El Espíritu Santo también es Dios, y cuando Jesús ascendió a la diestra de Dios después de su resurrección, envió al Espíritu Santo a vivir en nosotros, y Él es nuestro Maestro (Juan 14:16-17, 26). Él nos enseña la Palabra de Dios y nos revela su significado.

Cada vez que te acerques a la Palabra de Dios, hazlo con una actitud reverente y date cuenta de que es santa, de que es la verdad y de que te muestra el modo de vivir.

24

La Palabra de Dios, implantada en nuestros corazones, tiene el poder de salvar nuestras almas

Despójense de toda inmoralidad
y de la maldad que tanto abunda, para que puedan recibir
con humildad la palabra sembrada en ustedes,
la cual tiene poder para salvarles.
Santiago 1:21

Cuando creemos que Jesús murió por nosotros y resucitó de entre los muertos, somos salvos por la Gracia de Dios (Efesios 2:8). A esto también se le llama nacer de nuevo. Nuestro espíritu, que estaba muerto en pecado, es vivificado en Cristo, y comenzamos nuestra nueva vida en Él. Pero después de ser salvos, todavía hay un trabajo de maduración por hacer en nuestra alma (mente, voluntad y emociones).

Una vez que nacemos de nuevo, nuestros nombres están escritos en el libro de la Vida del Cordero (Apocalipsis 13:8; 21:27), y pasaremos la eternidad con Dios. Sin embargo, Dios quiere que le permitamos cambiarnos a la imagen de Jesucristo para que podamos seguir sus caminos y representarlo ante el mundo (Romanos 8:29; 2 Corintios 3:18; 5:20).

Nací de nuevo cuando tenía nueve años, pero no sabía nada de la Palabra de Dios. Después de que Dave y yo nos casamos, cuando yo tenía veintitrés años, asistíamos a la iglesia con regularidad. Aunque escuchaba la Palabra de Dios en la iglesia, mucho de lo que escuchaba era doctrina. La doctrina, por supuesto, es importante, pero también necesitaba aprender lecciones bíblicas prácticas que me confrontaran y corrigieran mi comportamiento. No recuerdo haber escuchado mensajes sobre mi forma de pensar, aunque la Palabra de Dios dice que nunca experimentaremos la "buena, agradable y perfecta" voluntad de Dios a menos que nuestra mente se renueve conforme a su Palabra (Romanos 12:2).

Dios nos ha dado libre albedrío, y Él quiere que lo usemos para elegir su voluntad. Esto requiere morir al yo, es decir, decirnos "no" a nosotros mismos y a lo que queremos hacer, si es necesario, para decir "sí" a lo que Dios quiere que hagamos. Pablo escribe: "He sido crucificado con Cristo y ya no vivo yo, sino que Cristo vive en mí. Lo que ahora vivo en el cuerpo, lo vivo por la fe en el Hijo de Dios, quien me amó y dio su vida por mí" (Gálatas 2:20) ¿Qué quería decir Pablo? Quería decir que ya no vivía su vida basándose en lo que él quería hacer, porque había muerto al egoísmo y, en su lugar, deseaba vivir en la voluntad de Dios, y no en la suya propia.

He aquí un ejemplo práctico de lo que significa morir al yo. Supongamos que tengo un fuerte deseo de hacer algo, pero sé que no es lo que Dios quiere que haga. Tengo que tomar una decisión: ¿seguiré mis propios deseos o dejaré ir lo que quiero para seguir a Dios? La elección es mía, pero Jesús dice que una manera en que mostramos nuestro amor por Él es obedeciéndole (Juan

14:15). Cada vez que elijo la voluntad de Dios por encima de mis deseos, un poco más de mi alma se transforma y queda disponible para que Dios la use.

Pablo le dijo a la iglesia de Corinto que no podía hablarles como hombres y mujeres maduros porque todavía eran bebés en Cristo (1 Corintios 3:1). En otras palabras, habían nacido de nuevo (eran salvos), pero no habían madurado. Eran cristianos carnales que tomaban decisiones basadas en su mente, voluntad y emociones, tratando de vivir sus vidas cristianas de acuerdo con los caminos del mundo. Pablo lo sabía porque todavía tenían celos y envidia, y discutían y actuaban como lo hace la gente mundana. Él quería darles el alimento sólido de la Palabra, es decir, enseñanzas más maduras, pero tenía que seguir dándoles leche o enseñanzas sencillas porque no estaban preparados para el alimento sólido (1 Corintios 3:2-3).

El alimento sólido de la Palabra de Dios confronta nuestro comportamiento, mientras que la leche de la Palabra simplemente nos habla del amor de Dios por nosotros y nos enseña las cosas básicas que Él desea hacer por nosotros. Cualquiera puede entusiasmarse con estas bendiciones, pero ¿podemos también entusiasmarnos con dejar de vivir una vida egoísta y hacer la voluntad de Dios sin importar lo que queramos o cómo nos sintamos? Esta es una parte importante de la madurez espiritual.

Si obedecemos la Palabra de Dios, experimentaremos su poder para salvar nuestra alma y obrar en nosotros, para que podamos crecer en nuestra fe en Cristo y llegar a ser todo aquello para lo que fuimos creados. Me encanta la Palabra de Dios y lo que hace por nosotros. Te animo no solo a leerla, sino también a obedecerla.

25

La Palabra de Dios nos fortalece

De tristeza llora mi alma;
fortaléceme conforme a tu palabra.
Salmo 119:28 NBLA

Algunas veces necesitamos fortalecernos físicamente, y otras, espiritualmente. Cuando atravesamos dificultades, sobre todo si duran mucho tiempo, podemos cansarnos y empezar a flaquear en la fe, pero, afortunadamente, podemos orar y pedir a Dios que nos fortalezca. Isaías 40:31 nos dice que, si esperamos en Dios, Él renovará nuestras fuerzas. Esperar en Dios significa permanecer expectante, velar por que Él obre, y anhelar que nos ayude.

Según Proverbios 18:14, cuando una persona tiene un espíritu fuerte, este la sostendrá a través del dolor corporal y los problemas, pero un espíritu débil y quebrantado es insostenible. Es sabio mantenerse fuerte espiritualmente pasando tiempo con Dios y alimentándose con una dieta constante basada en su Palabra. No esperes a tener un problema para tratar de fortalecerte. Prepárate de antemano para enfrentar cualquier adversidad que se te presente.

El apóstol Pablo dijo que todo lo podía en Cristo, que le daba fuerzas (Filipenses 4:13). Podía tener en abundancia o prescindir de todo y aun así estar tranquilo (Filipenses 4:11-12). Necesitamos ser fuertes espiritualmente porque la vida no es fácil. Enfrentamos tormentas y pruebas, y no siempre sabemos cuándo van a llegar. Hay momentos en los que necesitamos fortalecernos porque estamos agotados. Esto ocurre por trabajar demasiado sin descansar adecuadamente, o por estar bajo estrés durante demasiado tiempo. El remedio para el agotamiento, junto con la oración, es el descanso. Descansar regularmente ayuda a evitar el agotamiento, pero algunos de nosotros pensamos que no tenemos tiempo para descansar. David escribió en el Salmo 23:2 que el Señor le hizo "recostarse en verdes praderas". He descubierto que si no descanso adecuadamente, en algún momento Dios me hará descansar. Me cansaré tanto que ya no podré más. Esta no es ciertamente la mejor manera de vivir. Creo que cada vez que nos cansamos excesivamente, le hacemos algún daño a nuestro cuerpo. Si esto sucede con suficiente frecuencia, podemos causar algún daño físico permanente con el que tendremos que lidiar por el resto de nuestras vidas.

No te creas la mentira de que eres el único que puede hacer lo que hay que hacer. Dios proveerá personas que te ayuden si tú se lo permites. A menudo, Dios nos fortalece sobrenaturalmente, pero también necesitamos seguir sus directrices de descansar al menos un día de cada siete (Éxodo 20:8).

No creas que eres la única persona que puede hacer las cosas.

La Palabra de Dios nos fortalece y nos instruye. Si no seguimos las instrucciones, es posible que no recibamos la fuerza que necesitamos.

También podemos cansarnos cuando el enemigo nos ataca. En la Biblia Amplificada en inglés, Edición Clásica, Daniel 7:25 indica que una cosa que el enemigo trata de hacer es "cansar" a los santos del Altísimo. "Los santos" son los que aman a Dios y le pertenecen. Pero Dios promete ayudarnos cuando el enemigo venga contra nosotros: "No temas, porque yo estoy contigo; no te angusties, porque yo soy tu Dios. Te fortaleceré y te ayudaré; te sostendré con la diestra de mi justicia" (Isaías 41,10).

Nehemías 8:10 es otro versículo importante relacionado con la fortaleza; básicamente, nos dice que podemos tener el gozo del Señor si nos mantenemos felices: "No estén tristes, porque el gozo del Señor es su fortaleza". La Palabra de Dios habla mucho de la alegría. El apóstol Pablo ha sido llamado el "apóstol de la alegría" porque escribió mucho sobre ella. Si Pablo pudo tener alegría a pesar de todo lo que le pasó, nosotros también deberíamos estar alegres. Aquí están algunos de mis pensamientos sobre cómo mantener la alegría:

- Haz cosas que te gusten.
- No te centres en tus problemas.
- Ríete tan a menudo como puedas.
- Piensa en lo bendecido que eres por conocer a Jesús.
- Sé agradecido y da las gracias.
- No te angusties por nada. Por el contrario, ora por todo (Filipenses 4:6).
- Ten variedad en tu vida. Hacer las mismas cosas sin descanso durante demasiado tiempo puede robarte la alegría.
- Céntrate en lo que tienes, no en lo que no tienes.

Otra gran ayuda cuando te sientes débil y cansado es esperar en Dios. Él da poder a los débiles y fortaleza a los cansados (Isaías 40:29). Cuando te sientas cansado, siéntate un rato en su presencia y no hagas nada más que concentrarte en la fuerza que Él está derramando en ti.

Cuando estamos cansados y agobiados, Jesús dice que debemos acudir a Él, recibir su descanso y aprender cómo hace Él las cosas (Mateo 11:28-30). Al estudiar la Palabra de Dios, sería sabio prestar atención a la forma en que Jesús manejó las situaciones y seguir su ejemplo. Siempre mantuvo su paz (permaneció calmado y sereno), y nunca trató de vengarse cuando sus enemigos vinieron contra Él. Cuando la gente hacía falsas acusaciones contra Él, ni siquiera respondía. Vivió para agradar a Dios, no a la gente. Seguir su ejemplo en estas y otras cosas nos ayudará a mantenernos fuertes.

26

La Palabra de Dios derrite el corazón duro

Les daré un nuevo corazón y derramaré un espíritu nuevo entre ustedes; quitaré ese corazón de piedra que ahora tienen y les pondré un corazón de carne.

Ezequiel 36:26

Muchas personas tienen un corazón duro y ni siquiera son conscientes de ello. Yo tuve uno como resultado de haber sido abusada durante mi niñez y luego abusada durante mi primer matrimonio. Cuando las personas son lastimadas con suficiente frecuencia, pueden formar una dureza alrededor de su corazón, por lo que ya no sienten el dolor cuando otros les maltratan.

Sin embargo, cuando recibimos a Cristo como nuestro Salvador, Él nos da un corazón nuevo, y tenemos que aprender a comportarnos de manera diferente a como lo hacíamos antes de invitarlo a entrar en nuestras vidas. Descubrí que cuanto más estudiaba la Palabra de Dios (especialmente lo que dice sobre su amor) más se derretía mi duro corazón. A medida que Dios sanaba mi corazón roto y me ayudaba a perdonar a las personas que me habían hecho daño, me volví más sensible al dolor de los demás y sentí el deseo de ayudarles cuando sufrían.

El estado de tu corazón es importante.

La condición de nuestro corazón es importante. Proverbios 4:23 dice: "Sobre todas las cosas, guarda tu corazón, porque de él brota la vida". Un poco de amargura o resentimiento puede colarse fácilmente en nuestro corazón, y podemos sentir que es justo que nos sintamos así, pero es muy peligroso. Cualquier cosa negativa que se deja supurar se convierte en un problema cada vez mayor. Es como una llaga infectada que no puede sanar hasta que la infección sea tratada.

La Palabra de Dios nos enseña a velar y a orar (Lucas 21:36; Colosenses 4:2), y un aspecto que debemos vigilar con diligencia es la actitud de nuestro corazón. Satanás vaga como león rugiente buscando a quien devorar (1 Pedro 5:8). Se nos dice que lo resistamos desde el principio (1 Pedro 5:9). Tan pronto como sientas que hay algo impío en la actitud de tu corazón, trata con ello de inmediato. Ve a Dios en oración, pídele su ayuda con esa situación, y estudia su Palabra, dejando que te fortalezca para tratar con el problema.

He aquí varias formas en las que tener un corazón duro puede afectarnos:

- Nos cuesta compadecernos de los que sufren.
- Nos cuesta obedecer a Dios.

- Nos cuesta escuchar a Dios.
- A menudo somos groseros con los demás.
- Desconfiamos de las acciones de los demás en lugar de creer lo mejor de ellos, como instruye la Palabra de Dios (1 Corintios 13:7).
- Nos resulta difícil creer en la Palabra de Dios.
- Nos cuesta tener una fe sencilla como la de un niño.

Si tienes un corazón duro, admítelo ante ti mismo y ante Dios. Date cuenta de que Él te ha dado un corazón nuevo; pídele que te ayude a aprender a vivir de acuerdo con él. Estudia todo lo que puedas encontrar en su Palabra sobre el corazón. Por ejemplo, Marcos 6:52 dice que los discípulos no "habían comprendido lo de los panes" —la enseñanza y el significado— porque sus corazones estaban endurecidos. Acababan de ver a Jesús alimentar a cinco mil personas con cinco panes y dos peces, y luego recogieron doce canastas llenas de sobras (Marcos 6:30-44). Sin embargo, cuando Él se acercó a ellos caminando sobre el agua, se aterrorizaron (Marcos 6:45-50). Le habían visto obrar un milagro, pero a causa de la dureza de sus corazones seguían teniendo miedo. Todavía no creían que con Jesús todo es posible (Mateo 19:26).

Una buena oración relacionada con el corazón se basa en el Salmo 51:10: "Crea en mí, oh Dios, un corazón limpio, y renueva un espíritu firme dentro de mí". El corazón y la mente son a menudo intercambiables cuando se traducen en la Biblia. Cuando aprendemos a pensar como Dios piensa, nuestras mentes son renovadas y cualquier dureza en nuestro corazón se derrite. Mantén un corazón tierno hacia Dios para que Él pueda usarte en la obra de su Reino.

Mantén un corazón tierno hacia Dios.

27

La Palabra de Dios a menudo trae persecución

Pero como no tienen raíz, duran poco tiempo. Cuando surgen problemas o persecución a causa de la palabra, enseguida se apartan de ella.

Marcos 4:17

Cuando recibimos la Palabra de Dios, crecemos espiritualmente, y esto mejora nuestro comportamiento. Satanás odia nuestro crecimiento espiritual y obediencia a Dios, y hace todo lo posible para impedirlo. Él trae persecución a causa de la Palabra, esperando que nos demos por vencidos y pensemos que servir a Dios es demasiado difícil.

Jesús dice en un pasaje de la Escritura, comúnmente llamado las Bienaventuranzas, que somos bienaventurados cuando nos persiguen por hacer lo que es correcto:

> Bienaventurados aquellos que han sido perseguidos por causa de la justicia, pues de ellos es el reino de los cielos. Bienaventurados serán cuando los insulten y persigan, y digan todo género de mal contra ustedes falsamente, por causa de Mí. Regocíjense y alégrense, porque la recompensa de ustedes en los cielos es grande, porque así persiguieron a los profetas que fueron antes que ustedes.
>
> Mateo 5:10-12

Puede que no nos sintamos bendecidos cuando nos persiguen, pero Jesús dice que sí lo somos. Si soportamos las dificultades con paciencia, Él nos ayudará a superarlas y nos recompensará. La persecución a la que nos enfrentamos en el mundo occidental no es nada comparada con la que experimentan los creyentes en algunos otros países, y ni siquiera se acerca a cómo fueron perseguidos los primeros apóstoles y discípulos.

La mayor parte de nuestra persecución en el mundo occidental consiste en que se burlen de nosotros o nos rechacen. Podemos perder un ascenso en el trabajo porque no mentimos ni engañamos. Los amigos pueden ya no querer pasar tiempo con nosotros porque buscamos tomar decisiones piadosas y ellos no. Si este es el caso, entonces nunca fueron verdaderos amigos.

Hace años, cuando Dios me llamó al ministerio, era inusual que las mujeres enseñaran la Palabra de Dios, excepto a los niños. Fui a una iglesia donde la gente no creía que las mujeres debían enseñar, y me dieron dos opciones: o dejaba de enseñar, o me iba de esa iglesia. Por la gracia de Dios, elegí seguirlo a Él y no a la gente, y fue una experiencia dolorosa y solitaria. Fue duro para mí saber que personas que consideraba mis amigas hablaban mal de mí. Esa iglesia también tenía una escuela, a la que asistían nuestros hijos, y Dave y yo pronto nos dimos cuenta de que tendríamos que buscarles una nueva escuela. Además, toda nuestra vida social había girado en torno a la iglesia. Perdimos amigos e incluso familiares que pensaban que estábamos tomando decisiones equivocadas cuando empecé a enseñar la Palabra de Dios. Todo esto significaba que teníamos que hacer muchos ajustes en un corto período de tiempo.

En ese momento, no tenía ninguna prueba de que Dios realmente me estuviera llamando al ministerio. Yo creía que Él lo estaba haciendo, y estaba llevando un pequeño grupo de estudio bíblico en mi casa los martes por la noche, pero no había otras oportunidades para mí en ese momento. Tenía una gran visión, pero apenas una pequeña parte de aquello estaba sucediendo. Esos fueron años de prueba para mí, y a veces era difícil no darme por vencida, pero Dios me dio la gracia para seguir adelante. Y hoy, tenemos el privilegio de ministrar en todo el mundo.

Quiero animarte a seguir a Dios, aunque te persigan por hacerlo. La verdad es que la persecución que experimentamos en esta vida no es nada comparada con la gloria que experimentaremos cuando Jesús regrese (Romanos 8:18; 1 Pedro 4:12-14).

Deja que esta escritura te consuele y te anime:

> Pero aun si sufren por causa de la justicia, dichosos son. Y no tengan miedo por temor a ellos ni se turben.
>
> 1 Pedro 3:14 NBLA

Perseverar en la persecución forja nuestro carácter. Jesús pasó por ella y salió victorioso, y así lo haremos nosotros con su ayuda.

28

La Palabra de Dios nos transforma a su imagen

Así, todos nosotros, que con el rostro descubierto reflejamos como en un espejo la gloria del Señor, somos transformados a su semejanza con más y más gloria por la acción del Señor, que es el Espíritu.

2 Corintios 3:18

La Palabra de Dios renueva nuestras mentes, y a medida que aprendemos a pensar de manera diferente, comenzamos a comportarnos de manera diferente. Romanos 12:2 dice: "No se amolden al mundo actual, sino sean transformados mediante la renovación de su mente. Así podrán comprobar cómo es la voluntad de Dios: buena, agradable y perfecta".

La Palabra de Dios te transforma en la imagen de Jesucristo.

Con el tiempo, la Palabra de Dios nos transforma a imagen de Jesucristo. Esta transformación es un proceso, y no todo es fácil, pero al final merece la pena. La Palabra de Dios es verdad (Juan 17:17), y la verdad nos hace libres:

> [Jesús] les dijo: "Si se mantienen fieles a mis palabras, serán realmente mis discípulos; y conocerán la verdad, y la verdad los hará libres".
>
> Juan 8:31-32

La Palabra de Dios está llena de gracia y verdad, y esas dos cosas nos cambian. Todos necesitamos cambiar y estaremos cambiando poco a poco hasta que Jesús regrese a la tierra. Cuando empecé a estudiar la Palabra de Dios, tenía tantos problemas en mi personalidad que parecía casi imposible que cambiara lo suficiente como para ser apta para el ministerio, pero Dios me cambió. Después de cinco años de estudio bíblico y de aprender a cooperar con el Espíritu Santo, sentí que no había cambiado nada, pero por supuesto que lo había hecho. Satanás quiere mostrarnos constantemente todo lo que todavía está mal en nosotros, pero Dios nos ve tal como somos en Cristo incluso cuando todavía estamos cambiando (2 Corintios 5:21).

Quiero animarte a que no te desmoralices si los cambios que necesitas hacer llevan más tiempo del que crees que deberían. El apóstol Pablo escribe:

> Estoy convencido de esto: el que comenzó tan buena obra en ustedes, la irá perfeccionando hasta el día de Cristo Jesús.
>
> Filipenses 1:6

El peor error que cometemos cuando Dios nos transforma y nos ayuda a crecer es tratar de cambiarnos a nosotros mismos a través de nuestro esfuerzo humano, sin pedir la ayuda de Dios. Es el Espíritu Santo quien nos cambia, y Él usa la Palabra de Dios para hacerlo. Perdí mucho tiempo precioso tratando de cambiarme a mí misma. Por ejemplo, a menudo decía cosas que me metían en problemas. Me esforzaba mucho por callar, pero nunca funcionaba. Según Santiago 3:8, nadie puede domar la lengua; necesitamos la ayuda de Dios para hacerlo. Pídele a Dios que te ayude a pensar antes de hablar y a decir palabras de vida, porque "muerte y vida están en poder de la lengua" (Proverbios 18:21 NBLA).

Te insto a que seas flexible y moldeable en las manos de Dios. No te aferres obstinadamente a las cosas que Él te pide que dejes ir. Todo lo que Dios nos pide que hagamos o dejemos de hacer es por nuestro bien. Él solo trata de ayudarnos, siempre. Entrégale todo de ti para que Él lo use, como exhorta Pablo en Romanos 12:1: "Por tanto, hermanos, les ruego por las misericordias de Dios que presenten sus cuerpos como sacrificio vivo y santo, aceptable a Dios, que es el culto racional de ustedes" (NBLA).

No te aferres a cosas que Dios quiere que dejes ir.

Dios te ama mucho. Nunca te amará más o menos de lo que te ama en este momento. Su amor no se basa en lo que haces, sino en quién es Él. Él es amor. No puedes ganarte el amor, porque es un regalo. Cuanto más recibas el amor de Dios, más querrás cambiar, pero cambiarás porque amas a Dios, no para que Él te ame.

29

La Palabra de Dios es un arma contra el diablo y una armadura que nos protege en la guerra

Tomad el yelmo de la salvación y la espada del Espíritu, que es la palabra de Dios.

Efesios 6:17 RVR60

Tenemos un enemigo, el diablo (Satanás). Él nos miente, con la esperanza de engañarnos, y nos ataca. En Efesios 6:11 y Efesios 6:13, el apóstol Pablo nos enseña a vestirnos "con toda la armadura de Dios" (Efesios 6:10-17).

La armadura nos protege en la batalla. Las seis piezas de la armadura espiritual mencionadas en Efesios 6 son:

1. El cinturón de la verdad (v. 14)
2. La coraza de justicia (v. 14)
3. Los zapatos de la paz (v. 15)
4. El escudo de la fe (v. 16)
5. El yelmo de la salvación (v. 17)
6. La espada del Espíritu (v. 17)

Veamos algunas de estas piezas de armadura individualmente.

ZAPATOS DE PAZ

Fíjate en que tenemos en nuestra armadura los zapatos de la paz. "Zapatos de paz" no se mencionan específicamente en algunas traducciones de la Biblia. Nos referimos a ellos como zapatos porque Efesios 6:15 dice: "y calzados con la disposición [para enfrentar al enemigo con la estabilidad de pies firmes, la prontitud y la disposición producida por las buenas nuevas] de proclamar el evangelio de la paz".

Romanos 16:20 dice que el Dios de paz pronto aplastará a Satanás bajo nuestros pies. Cuando el diablo está haciendo todo lo que puede hacer para molestarte y tú te aferras a tu paz, no hay absolutamente nada más que él pueda hacer.

> De ninguna manera estén atemorizados por sus adversarios, lo cual es señal de perdición para ellos, pero de salvación para ustedes, y esto, de Dios.
>
> Filipenses 1:28

Satanás se abre camino en nuestras vidas a través del miedo, pero Dios nos dice una y otra vez que no temamos porque Él está con nosotros (Isaías 41:10). Le abrimos la puerta a Dios para que actúe a través de la fe, así que cuando el miedo llame a tu puerta, responde con fe y tendrás la victoria siempre. Además, permanecer en paz te da poder.

Permanecer en paz te da poder.

EL YELMO DE LA SALVACIÓN

Observa también que Dios nos da el yelmo de la salvación. Esto protege tu mente. La mente es el campo de batalla en el cual Satanás planta mentiras, esperando que las creamos. Nuestra mente debe ser renovada para que aprendamos a pensar de acuerdo con la Palabra de Dios. Cuando lo hagamos, no nos ajustaremos al mundo, sino que seremos transformados al aprender y creer la Palabra de Dios (Romanos 12:2).

LA ESPADA DEL ESPÍRITU

Una pieza de la armadura que trata directamente con la Palabra de Dios es "la espada del Espíritu, que es la palabra de Dios" (Efesios 6:17). Empuñar (usar) la espada cuando estamos en una batalla espiritual significa declarar la Palabra.

Cuando el diablo tentó a Jesús durante cuarenta días en el desierto, Jesús respondió a cada tentación con la Palabra de Dios (Mateo 4:1-11). La Palabra de Dios es poderosa. Es una espada de doble filo (Hebreos 4:12) que nos protegerá y derrotará al diablo al mismo tiempo.

TENEMOS PODER Y AUTORIDAD

Primera de Juan 4:4 nos dice que el que vive en nosotros, es decir, Jesús, es mayor que el que está en el mundo, es decir, Satanás. Jesús vive en nosotros, y aunque Satanás tiene poder, no tiene más poder que el que tiene Jesús. Dios nos ha dado su poder y autoridad sobre todo el poder de Satanás (Lucas 10:19). Por favor, ten en cuenta que Satanás tiene poder, pero nosotros tenemos el poder *y* la autoridad para usar ese poder. Satanás viene como león rugiente buscando a quien devorar (1 Pedro 5:8), pero no tiene que devorarnos a ti y a mí.

Sométete a Dios, resiste al diablo, y huirá (Santiago 4:7). Debemos resistir, pero Dios nos dará la gracia para hacerlo si nos apoyamos y confiamos en Él. Incluso en tu hora más oscura, puedes mantenerte firme contra los ataques de Satanás, recordando que eres más que vencedor por medio de Aquel que te ama (Romanos 8:37).

Eres más que vencedor por medio de Aquel que te ama.

30

La Palabra de Dios renueva nuestra mente

He guardado tu palabra en mi corazón,

para no pecar contra ti.

Salmo 119:11 NTV

El estudio de la Palabra de Dios nos enseña a pensar con propiedad, es decir, a pensar como Dios piensa. Nos enseña la voluntad de Dios y nos impide pecar. Si queremos tener lo que Dios quiere que tengamos, y hacer y ser lo que Él quiere que hagamos y seamos, debemos aprender a pensar como Él. Nuestros pensamientos son de primordial importancia porque como pensamos en nuestro corazón, así somos (Proverbios 23:7). Me gusta decir: "Donde va la mente, el hombre la sigue".

Romanos 12:2 dice:

> No se adapten a este mundo, sino transfórmense mediante la renovación de su mente, para que verifiquen cuál es la voluntad de Dios: lo que es bueno y aceptable y perfecto.

Esta escritura nos dice claramente que nuestra mente debe ser renovada (debemos aprender una nueva forma de pensar) si queremos probar (vivir y disfrutar) por nosotros mismos cuál es la buena voluntad de Dios para nosotros.

Mi vida ha cambiado completamente. Esto ha sucedido a través de la lectura de la Palabra de Dios, estudiándola, meditándola y escuchándola. Me ha enseñado la verdad, y ya no creo las mentiras del diablo. Por ejemplo, siempre creí que tendría una vida de segunda por haber sido abusada sexualmente por mi padre. Pero la Palabra de Dios me ha enseñado que puedo dejar atrás el pasado y avanzar hacia las cosas buenas que Dios tiene para mí (Filipenses 3:13-14). Debemos olvidar las cosas pasadas (Isaías 43:18), porque cuando nacemos de nuevo, nos convertimos en nuevas criaturas en Cristo y todas las cosas son hechas nuevas (2 Corintios 5:17). No solo *no* tuve una vida de bajo nivel, sino que creo que Dios redimió mi vida aún más poderosamente debido al abuso. Creo esto porque Dios obra todas las cosas para nuestro bien si lo amamos y queremos su voluntad (Romanos 8:28).

Le pedí a Dios que me sacara de la situación abusiva. No me sacó de esa situación, sino que me ayudó a *superarla*, y así adquirí una experiencia que ahora me permite ayudar a otras personas que han sufrido abusos de cualquier tipo. Conozco personalmente el poder curativo de la Palabra de Dios.

Cualquier tiempo que pases en la Palabra de Dios nunca es desperdiciado. Recuerda, las Escrituras nos instruyen a meditar en su Palabra (Josué 1:8). Este es un proceso que toma tiempo, así que sé paciente y continúa hasta que obtengas la victoria. Al momento de escribir este libro, llevo cuarenta y cinco años estudiando la Palabra de Dios. Todavía lo hago todos los días y continuaré haciéndolo mientras viva.

El tiempo dedicado a la Palabra de Dios nunca es tiempo perdido.

Colosenses 3:2 nos enseña a poner nuestra mente en las cosas de arriba, no en las de este mundo. Este versículo dice: "Concentren su atención en las cosas de arriba, no en las de la tierra". Mantener la mente fija significa tomar una decisión firme y atenerse a ella.

A mi marido, Dave, le encanta jugar al golf, y una vez le pregunté cómo le afectaría si alguna vez llegara al punto de no poder jugar. Dijo: "Ya me he propuesto que, si eso ocurre, disfrutaré de mi vida de todos modos".

Algunas personas piensan: *Si no tengo esto o aquello, no hay manera de que pueda disfrutar de la vida.* Pero tal pensamiento es una mentira del diablo. Podemos tener la actitud apropiada hacia cualquier cosa que pueda suceder en nuestras vidas poniendo nuestra mente en la dirección correcta. Te animo a que renueves tu mente y tus actitudes diariamente. Pensamientos piadosos producen acciones piadosas, y acciones piadosas producen una vida que vale la pena vivir y que se puede disfrutar.

Los pensamientos y acciones piadosos producen una vida digna de ser vivida.

31

La Palabra de Dios destruye las fortalezas mentales y nos enseña la verdad

Las armas con que luchamos no son del mundo, sino que tienen el poder divino para derribar fortalezas. Destruimos argumentos y toda altivez que se levanta contra el conocimiento de Dios, y llevamos cautivo todo pensamiento para que obedezca a Cristo.

2 Corintios 10:4-5

Pablo afirma que nuestras armas espirituales tienen el "poder divino para derribar fortalezas" (2 Corintios 10:4). Una fortaleza o fortificación mental es un área de nuestro pensamiento que está completamente equivocada debido a las mentiras que el diablo nos ha dicho y nosotros hemos creído. Es un área de la que Satanás se ha apoderado. Cuando creemos una mentira, nos engañamos, y el engaño es la herramienta principal que el enemigo usa para mantenernos fuera de la buena voluntad de Dios para nuestras vidas. Aunque algo que creemos no sea verdad, se convierte en verdad para nosotros porque lo creemos.

La Palabra de Dios nos enseña la verdad y derriba las fortalezas que el enemigo ha construido en nuestras mentes. Una vez que conozcamos la verdad, reconoceremos las mentiras, y podremos tomar cautivos los pensamientos impíos y pensar en formas que obedezcan la Palabra de Dios. Por muchos años, la idea de que yo podía escoger mis pensamientos nunca se me ocurrió. Simplemente pensaba lo que me venía a la mente, y la mayoría de esos pensamientos eran provocados por el diablo. Creía todo tipo de cosas equivocadas acerca de Dios, de mí misma, de otras personas y de mi futuro.

El diablo es mentiroso y padre de la mentira (Juan 8:44). Satanás nos dirá que las cosas malas son buenas para nosotros, y después de tentarnos a pecar, nos hará sentir culpables por hacerlo. Cuanto más sobreviva la Tierra, mayor será el engaño. En nuestros días, estoy viendo el engaño en un grado que nunca pensé que vería. La gente cree cosas que no tienen ningún sentido. Ninguno de nosotros sabe cuál es la verdad a menos que conozcamos la Palabra de Dios. Su Palabra es verdad, y su Espíritu es el Espíritu de verdad, que viene a vivir en nosotros para enseñarnos la verdad (Juan 14:16-17; 16:13). Sé que la Palabra de Dios es verdad porque la he aplicado y funciona.

Compara lo que crees acerca de Dios, de ti mismo, de otras personas y de tu futuro con lo que dice la Palabra de Dios, y comenzarás a descubrir mentiras que pueden haberte estado haciendo sentir miserable y alejándote de la maravillosa vida que Dios te ha dado a través de Cristo. No importa cuántos errores hayas cometido, Dios todavía tiene un buen plan para ti. Él te ama incondicionalmente, y todos tus pecados son perdonados si los admites, estás dispuesto a apartarte de ellos y vives de acuerdo con la voluntad de Dios.

Dios tiene un buen plan para ti.

Mi padre era un hombre colérico, y cualquier pequeño error que yo cometiera le hacía enfadarse conmigo. Llegué a creer que Dios era igual, y sufrí terriblemente con el temor de que Dios estuviera enfadado conmigo. Sin embargo, la verdad me hizo libre. Jesús dijo: "Si se mantienen fieles a mis palabras, serán realmente mis discípulos; y conocerán la verdad, y la verdad los hará libres" (Juan 8:31-32).

Jesús también dijo: "Yo soy el camino, la verdad y la vida. Nadie viene al Padre sino por mí" (Juan 14:6 NBLA). Mucha gente cree que hay muchos caminos para llegar a Dios, pero Jesús dice que Él es el único camino.

Algunas personas creen que sus buenas obras las harán estar bien con Dios, pero la Palabra de Dios enseña que somos salvos por medio de la fe, no basados en nada que podamos hacer (Efesios 2:8-9). Seremos recompensados por las buenas obras que hagamos, pero nuestra posición correcta con Dios no se basa en ellas, sino en la fe en Cristo y en nada más. Si tenemos verdadera fe, entonces querremos hacer buenas obras, y nuestros motivos para hacerlas serán puros.

Comprométete a estudiar la Palabra de Dios, recordando que es la única verdad que existe. Compara todas tus creencias con la Palabra de Dios, y si no están de acuerdo con ella, cambia de opinión para estar de acuerdo con lo que Dios dice.

32

La Palabra de Dios divide alma y espíritu

La palabra de Dios es viva, eficaz y más cortante
que cualquier espada de dos filos. Penetra hasta lo más
profundo del alma y del espíritu, hasta la médula
de los huesos, y juzga los pensamientos
y las intenciones del corazón.

Hebreos 4:12

Somos seres tripartitos: cada uno de nosotros tiene un cuerpo, un alma y un espíritu (1 Tesalonicenses 5:23). Cuando nacemos de nuevo, Dios viene a vivir dentro de nosotros por medio de su Espíritu, y nos da todo lo bueno que necesitamos para seguir su guía y disfrutar de paz, gozo y una posición correcta con Él. El Espíritu de Dios nos da fortaleza, habilidades, amor, gozo, paz, paciencia, humildad, autocontrol y muchas otras cosas buenas (Gálatas 5:22-23). Si seguimos la guía del Espíritu Santo en todo momento, viviremos en perfecta obediencia a la Palabra de Dios.

Además de nuestro cuerpo y nuestro espíritu humano, también tenemos un alma, que se compone de nuestra mente, voluntad y emociones. Nuestras palabras están arraigadas en nuestra alma (corazón), y nuestra alma y nuestro cuerpo forman la carne. Según Gálatas 5:17, la carne lucha contra el espíritu y el espíritu lucha contra la carne. Son continuamente antagónicos el uno contra el otro: "Porque el deseo de la carne es contra el Espíritu, y el del Espíritu es contra la carne, pues estos se oponen el uno al otro, de manera que ustedes no pueden hacer lo que deseen". La Biblia Nueva Versión Internacional dice que la carne "desea" lo que es contrario al espíritu. Si queremos obedecer a

Dios, el diablo usa nuestra carne para tratar de arrastrarnos a desobedecerlo.

El problema con el que nos encontramos a menudo es no ser capaces de discernir si lo que queremos hacer sale del alma o del espíritu. Nos preguntamos: "¿Es esto lo que yo quiero, o es lo que Dios quiere?". Cuanto más aprendemos de la Palabra de Dios, más fácil nos resulta distinguir entre ambas cosas, pero es un proceso de aprendizaje que lleva tiempo. Si conocemos y vivimos según la Palabra de Dios, caminaremos según el Espíritu.

Cuando comenzamos nuestra nueva vida con Cristo, nuestra carne es más fuerte que nuestro espíritu recién nacido. Pero a medida que alimentamos nuestro espíritu con la Palabra de Dios, gana fuerza y eventualmente se vuelve más fuerte que la carne.

Te pondré un ejemplo práctico. Ayer quería ir a hacer ejercicio, pero al mismo tiempo no quería ir a hacer ejercicio. Sabía que debía ir y que hacer ejercicio sería lo mejor para mí. Quería lo mejor para mí, pero al mismo tiempo no quería hacerlo. Mi espíritu me llevaba a hacer lo que era bueno para mí y lo que me mantendría sana, me daría energía y me haría sentir bien. Pero mi carne es perezosa y no quería salir del cómodo sillón en el que estaba sentada. Tenía que tomar una decisión: ¿seguiría a mi carne o a mi espíritu? Afortunadamente, hice ejercicio, pero solo porque comprendí la batalla que se libraba dentro de mí. Sabía que era una lucha entre mi carne y mi espíritu, y conozco lo suficiente de la Palabra de Dios para poder discernir entre los dos y elegir hacer lo que es mejor.

He aquí otro ejemplo. Supongamos que alguien te ofende. Te encantaría gritarle y hacerle saber que estás enojado, pero, al mismo tiempo, sabes que debes perdonar, como enseña la Palabra de Dios. Tienes que tomar una decisión: ¿seguirás a la carne o al espíritu? Cuestiones como estas surgen continuamente en nuestras vidas, y lo único que nos mantendrá tomando decisiones correctas es el estudio de la Palabra de Dios. Es el alimento que necesitamos para mantener fuerte nuestro espíritu, y nos enseña sobre lo correcto y lo incorrecto, el bien y el mal, la sabiduría y la necedad, el alma y el espíritu.

Todo lo que Dios nos dice que hagamos o dejemos de hacer en su Palabra es para nuestro bien, y seguir la guía del Espíritu nos conducirá a la mejor vida posible.

Hebreos 4:12 menciona que la Palabra divide las coyunturas y los tuétanos, que son muy difíciles de dividir. Esto es meramente una metáfora para comunicar lo aguda que es la Palabra de Dios y lo difícil que es dividir alma y espíritu. Sería imposible hacerlo sin un conocimiento preciso de la Palabra de Dios.

La Palabra de Dios me ha cambiado y ha cambiado mi vida, y espero con ilusión los buenos cambios que seguirán teniendo lugar a medida que aprenda más y más de la buena Palabra de Dios. Y también me emociona pensar en los cambios que verás al aplicar su Palabra a tu vida.

33

La Palabra de Dios nos reconforta y consuela

Este es mi consuelo en medio del dolor:
que tu promesa me da vida.
Salmo 119:50

Cuando estás sufriendo y necesitas consuelo, lo mejor y lo primero que puedes hacer es rezar y pedirle a Dios que te consuele. Él es el Dios de todo consuelo:

> Bendito sea el Dios y Padre de nuestro Señor Jesucristo, Padre misericordioso y Dios de toda consolación, quien nos consuela en todas nuestras tribulaciones para que, con el mismo consuelo que de Dios hemos recibido, también nosotros podamos consolar a todos los que sufren.
>
> 2 Corintios 1:3-4

Dios nos consuela en todas nuestras dificultades, y esto nos permite consolar a otros que puedan estar sufriendo.

El consuelo de Dios te permite consolar a los demás.

He sufrido injusticias, dolor físico, rechazo, decepción y circunstancias difíciles, y quizá tú también.

Durante estas situaciones, un pasaje de las Escrituras que me ha dado consuelo y esperanza es Isaías 61:1-7. Mi paráfrasis de este pasaje es la siguiente: Jesús vino a sanar a los quebrantados de corazón, a liberar a los cautivos, a consolar a todos los que lloran, a darnos belleza en lugar de ceniza, a darnos óleo de gozo en lugar del luto, y a darnos manto de alabanza en lugar del espíritu afligido. Él promete darnos una doble recompensa por nuestra vergüenza y nuestros problemas, porque Él es un Dios de justicia.

No puedo decirte cuántas veces he recurrido a este pasaje cuando me he sentido herida o desanimada. Nunca ha dejado de darme fuerza y esperanza. Cuando sufrimos, necesitamos la esperanza de que las cosas cambien. Esperar significa confiar en que algo bueno sucederá mientras esperamos en el Señor. El diablo quiere que estemos deprimidos y desesperanzados, negativos y abatidos, pero Dios nos da esperanza y consuelo en todos nuestros problemas. Su gracia es suficiente para sacarnos de cualquier dificultad que enfrentemos (2 Corintios 12:9).

La Palabra de Dios nos consuela porque nos hace saber que Dios no nos fallará y que no tenemos por qué temer. He aquí algunas escrituras que creo que te reconfortarán:

> Así que no temas, porque yo estoy contigo; no te angusties, porque yo soy tu Dios. Te fortaleceré y te ayudaré; te sostendré con la diestra de mi justicia.
>
> Isaías 41:10

> El Señor mismo marchará al frente de ti y estará contigo; nunca te dejará ni te abandonará. No temas, ni te desanimes.
>
> Deuteronomio 31:8

> Aun cuando yo pase por el valle más oscuro, no temeré, porque tú estás a mi lado. Tu vara y tu cayado me protegen y me confortan.
>
> Salmo 23:4 NTV

Una de mis favoritas, a la que acudo a menudo, es Filipenses 4:6-7:

> No se preocupen por nada; más bien, en toda ocasión, con oración y ruego, presenten sus peticiones a Dios y denle gracias. Y la paz de Dios, que

> sobrepasa todo entendimiento, cuidará sus corazones y sus pensamientos en Cristo Jesús.

Aunque conozco bien Filipenses 4:6-7 y podría repetirlo sin mirarlo, a menudo abro mi Biblia y recibo consuelo al leerlo despacio y empaparme del mensaje alentador que trae.

Cuando necesitamos consuelo y acudimos a la Palabra de Dios para obtenerlo, debemos leerla despacio y dejar que empape nuestra alma. La Palabra de Dios es como una medicina para nuestra alma, y nos consolará y sanará. Leer rápidamente algunas escrituras puede no ser muy útil. Dedica tiempo a la Palabra, deja que las palabras penetren profundamente en tu corazón y confía en que Dios hará lo que promete hacer.

He visto a Dios consolar a personas que se encontraban en situaciones tan terribles que no sabía cómo podrían superarlas, y sin embargo tenían una paz y un consuelo sobrenaturales que solo pueden venir de Dios.

34

La Palabra de Dios nos ayuda a ver el error de nuestros caminos y a girar en la dirección de Dios

He estado pensando en mis acciones, y decidí encaminar mis pies hacia tus estatutos. Voy a darme prisa, y sin tardanza cumpliré con tus mandamientos.

Salmo 119:59-60 RVC

La Palabra de Dios nos enseña lo que está bien y lo que está mal, y nos da la gracia para tomar decisiones piadosas. Su Palabra nos insta a obedecer sus mandamientos, pero tenemos libre albedrío, y cada decisión que tomamos afecta nuestras vidas positiva o negativamente.

Romanos 5:19 es una escritura poderosa que realmente quiero que entiendas: "Porque así como por la desobediencia de uno solo muchos fueron hechos pecadores, también por la obediencia de uno solo muchos serán hechos justos".

Este versículo nos enseña que, a través del pecado de Adán, muchas personas se convirtieron en pecadores, pero a través de la obediencia de Cristo, muchas personas han sido hechas justas con Dios. Es asombroso el efecto positivo o negativo que una sola persona puede tener en otras.

Solo tienes una vida que vivir y una vida que dar. Te insto a que no seas un cristiano que simplemente va a la iglesia una vez a la semana, que reza un poco cada día y que tal vez lee un capítulo de la Biblia por obligación y luego sale al mundo y vive de una manera que no tiene ningún impacto positivo en nadie más. Sé un cristiano que se rinde completamente a Dios y busca obedecerlo en todos tus caminos. Pídele que te use como su testigo viviendo una vida que haga que otros quieran lo que tú tienes.

La Palabra de Dios nos enseña que, si obedecemos Sus mandatos, prosperaremos en todo lo que hagamos (1 Reyes 2:3; Deuteronomio 5:33). La voluntad de Dios es que gocemos de buena salud y prosperemos mientras prospera nuestra alma (3 Juan 2). La prosperidad no consiste simplemente en tener dinero. Dios quiere que prosperemos en nuestra alma, que tengamos madurez espiritual, paz, gozo, justicia y mentes y actitudes renovadas. Dios quiere que tengamos éxito en todas las áreas de nuestra vida. Podemos hacerlo si conocemos y obedecemos sus mandamientos.

No tenemos que querer hacer algo para poder hacerlo. Jesús no quería ir a la cruz. Lo sabemos porque le pidió a Dios tres veces que le quitara la copa si era posible (Mateo 26:39-44). Pero también le dijo a su Padre: "Hágase tu voluntad" (Mateo 26:42). No quería ir a la cruz porque sabía lo difícil que sería, pero quería obedecer a su Padre y pagar por nuestros pecados incluso más de lo que no quería sufrir. Este es el lugar al que necesitamos llegar nosotros también. Necesitamos estar dispuestos a hacer lo que Dios manda, queramos hacerlo o no. Cuando hacemos lo que es correcto, incluso si se siente mal o si duele, crecemos espiritualmente.

Las recompensas de la obediencia son maravillosas. Una de esas recompensas es la paz que tenemos al saber que hemos hecho lo correcto. No hay almohada más dura para acostarse en la noche que una conciencia culpable porque sabemos que hemos desobedecido a Dios en ese día.

Las recompensas de la obediencia son maravillosas.

Todos cometemos errores, todos pecamos y todos tenemos momentos en los que no obedecemos a Dios. Pero, afortunadamente, si lo sentimos de verdad, podemos arrepentirnos, recibir el perdón y empezar de nuevo. La misericordia de Dios es nueva cada mañana (Lamentaciones 3:22-23).

Puede que no siempre entendamos los caminos de Dios, pero si seguimos su guía veremos que sus caminos funcionan. Lo que no entiendas ahora puede que tenga sentido más adelante.

Proverbios 3:5-6 dice: "Confía en el Señor de todo corazón y no te apoyes en tu propia inteligencia; sométete a él en todos tus caminos, y él enderezará tus sendas".

Para ser obedientes a Dios, debemos confiar en Él. Cree que Él es bueno y que siempre hace lo que es para tu beneficio.

35

La Palabra de Dios nos hace tener alegría incluso en medio de nuestros problemas y angustias

Cuando en mí la angustia iba en aumento,
tu consuelo llenaba mi alma de alegría.

Salmo 94:19

Cuando estoy disgustada, puedo acudir a la Palabra de Dios, y leyéndola o escuchándola, descubro que se calma mi alma ansiosa. Jesús dice que todos los que están agobiados y agobiadas deben venir a Él, y que Él les dará descanso (Mateo 11:28). La Palabra de Dios es medicina para nuestras almas. Es como el aceite calmante que se vierte sobre una herida.

Las promesas de Dios nos dan la esperanza de un cambio positivo en nuestras vidas. Al estudiar la Palabra, aprendemos que, si confiamos en las promesas de Dios, podemos ver cómo los problemas, las pruebas e incluso las dificultades extremas se convierten en bendiciones. Dios realmente hace que todas las cosas cooperen para el bien de aquellos que lo aman y son llamados a su propósito (Romanos 8:28).

No solo he leído esto en mi Biblia, sino que lo he experimentado una y otra vez en mi vida. El apóstol Santiago nos da un buen consejo sobre cómo pensar acerca de nuestros problemas: "Hermanos míos, considérense muy dichosos cuando tengan que enfrentarse con diversas pruebas, pues ya saben que la prueba de su fe produce perseverancia" (Santiago 1:2-3).

La forma en la que pensamos determina nuestro nivel de alegría. Considerar que algo es alegre significa pensarlo desde esa perspectiva. Por ejemplo, puedo pensar *que puedo estar alegre ahora en medio de esta prueba, porque sé que al final saldrá bien y me ayudará a crecer en paciencia y perseverancia.*

Perseverancia es otra palabra para *paciencia.* Cuando somos plenamente pacientes, podemos disfrutar mientras esperamos que Dios cambie nuestras circunstancias.

Tu forma de pensar determina
tu nivel de alegría.

La primera carta de Pedro 1:6 dice: "Esto es para ustedes motivo de gran alegría, a pesar de que hasta ahora han tenido que sufrir diversas pruebas por un tiempo".

Mirando hacia atrás, podemos recordar muchos problemas de los que no veíamos salida. Pero al confiar en las promesas de la Palabra de Dios, ya no tenemos esos problemas, porque dieron paso al poder de nuestra fe en Dios.

Recuerdo lo asustada que estaba cuando me diagnosticaron cáncer de mama. Me operaron y aquí estoy, más de treinta y cinco años después. No he tenido cáncer en todo ese tiempo sin necesitar quimioterapia ni radiación. Estaba destrozada por dentro debido a los abusos sexuales que sufrí de niña, pero Dios me ha dado belleza a cambio de cenizas y aceite de alegría en lugar de tristeza y depresión (Isaías 61:3).

La Palabra de Dios ha cambiado radicalmente mi vida. Ha renovado mi mente y me ha enseñado a pensar como Dios quiere que piense. Me ha enseñado la verdad, y ahora reconozco las mentiras del diablo y puedo resistirlas. Hará lo mismo por ti.

¿A qué tipo de problemas te enfrentas en este momento? No importa cuáles sean, la respuesta a ellos se puede encontrar en la Palabra de Dios. Pídele al Espíritu Santo, que es tu Maestro y el que te guía a toda la verdad (1 Corintios 2:13; Juan 16:13), que te muestre cómo manejar estas situaciones. Sigue su guía y siempre terminarás con victoria en tu vida. Deja que la promesa de Dios en 1 Corintios 15:57 te anime: "¡Pero gracias a Dios que nos da la victoria por medio de nuestro Señor Jesucristo!".

El deseo de Dios es bendecirte de maneras más grandes de lo que puedes imaginar, pero también enfrentarás tiempos de dificultades, problemas y pruebas.

Durante esos momentos, es importante que sigas confiando en Dios y creyendo que la situación se resolverá para bien. Dios está obrando en tu vida ahora mismo, y verás los resultados a su debido tiempo.

36

La Palabra de Dios nos da una gran paz

Los que aman tu Ley disfrutan de gran paz
y nada los hace tropezar.
Salmo 119:165

¿Amas la Palabra de Dios? Si es así, descubrirás que estudiarla te da paz. Jesús nos dejó su paz cuando se fue de la tierra al cielo (Juan 14:27), pero aún necesitamos buscarla, según 1 Pedro 3:11:

> [El que quiera amar la vida] que se aparte del mal y haga el bien; que busque la paz y la siga.

Los pacíficos son los poderosos. Tal vez hayas oído el dicho "Sin paz no hay poder. Conoce la paz; conoce el poder". La paz y el poder van juntos, y mientras más paz tengas, más disfrutarás de tu vida.

Los pacíficos son los poderosos.

Jesús es llamado el Príncipe de Paz, y a medida que nos sentimos en comunión con Él y con su Palabra, experimentaremos la paz. Yo viví muchos años sin paz. Creo que ni siquiera sabía lo que era la paz. Crecí en un hogar que estaba permanentemente en guerra. Estaba tan acostumbrada a la agitación que cuando comencé a experimentar la paz de Dios, me pareció aburrida.

Había vivido perturbada durante tanto tiempo que no sabía qué hacer conmigo misma si no estaba disgustada por algún problema que tenía. Ahora la paz ya no me parece aburrida. He llegado a amar la paz, y haré todo lo que sea necesario para tenerla.

Creo que la vida no merece la pena si nunca tenemos paz. Hay muchas cosas en el mundo que pueden perturbarnos y hacer que nos preocupemos y tengamos miedo. Pero, afortunadamente, tenemos otra opción: confiar en Dios y en las promesas de su Palabra. Ellas nos darán paz incluso en medio de las tormentas de la vida.

Cuando me decidí a tener paz en todas las áreas de mi vida (paz con Dios, paz conmigo misma y paz con los demás), me di cuenta de que necesitaba identificar las cosas en mi vida que el diablo utiliza para robarme la paz.

Por supuesto, la preocupación nos roba la paz. El miedo nos roba la paz. Otras cosas que pueden robarnos la paz son las prisas, los enfados por cosas insignificantes que no merecen la pena, la preocupación por el alza de los precios, la jubilación —qué será de nuestros hijos cuando crezcan—, el dinero, la pérdida del trabajo y mil cosas más. En lugar de vivir angustiados, podemos convertir cada preocupación en oración y ver cómo Dios actúa en nuestras vidas de forma asombrosa.

Discutir con otras personas es, sin duda, un factor que roba la paz, y una forma de no discutir con los demás es estar dispuesto a humillarse, si eso es lo que se requiere para mantener la paz. Esto puede significar decir "lo siento", aunque no creas que el problema sea culpa tuya. Podría significar estar dispuesto a renunciar a tu necesidad de tener razón o a la posibilidad de tener la última palabra en una discusión. Hay cosas a las que debemos aferrarnos con firmeza, aunque causen disgustos temporales en una relación, pero muchas de las cosas que permitimos que nos roben la paz no entran en esa categoría.

Hace poco tuve un altercado con alguien y sentí que sus acciones estaban equivocadas en la situación. Esa persona no lo vio así, y me di cuenta de que, si quería mantener la paz, tenía que dejar de intentar convencerle de que estaba equivocada y callarme yo. Al día siguiente todavía estaba un poco enfadada y sabía que tenía que perdonarla por completo para ser obediente a la voluntad de Dios y ver mi paz totalmente restaurada. No podía hacerlo sola, así que empecé a rezar con diligencia para que Dios me diera la gracia de superar la situación, dejar de estar enfadada y ser capaz de perdonar por completo. Di un largo paseo y, cuando volví a casa, pude olvidarlo y seguir con mi vida.

Debemos recordar siempre que Dios es nuestro vindicador y confiar en que, si nos comprometemos a mantener la paz, Él hará justicia en nuestras situaciones y en nuestras vidas.

37

La Palabra de Dios en nuestros corazones nos hace victoriosos sobre el maligno

Les he escrito a ustedes, jóvenes, porque son fuertes,
la palabra de Dios permanece en ustedes,
y han vencido al maligno.
1 Juan 2:14

Permanecer significa vivir, morar y quedarse. Cuando la Palabra de Dios vive en nosotros, y cuando permanecemos en ella y meditamos en ella regularmente, nos da sabiduría y fuerza para vencer al maligno (el diablo). La Palabra de Dios está llena de poder, y es tanto un arma defensiva (armadura) como un arma ofensiva para que la usemos contra el enemigo.

Cada vez que el diablo ponía a prueba y tentaba a Jesús en el desierto, Él respondía diciendo: "Está escrito" o "Está dicho", y luego citaba una escritura para combatir la tentación que el diablo le estaba lanzando (Lucas 4:1-12).

A veces tratamos de luchar contra el enemigo de la manera equivocada. Necesitamos luchar contra él con la Palabra de Dios. Si el diablo te dice que eres un perdedor y que nadie te ama, respóndele con "La Biblia dice que, en Cristo, soy un ganador en la vida" (1 Juan 5:4-5; 1 Corintios 15:57) y "Dios me ama incondicionalmente" (Romanos 5:8; 1 Juan 4:9-10). Si el diablo te dice que hagas algo que desobedecería la Palabra de Dios, dile que tú sirves y obedeces a Dios, y que obedecerás firmemente su Palabra.

Satanás es un mentiroso y todo lo que hace es mentirnos, esperando engañarnos. Tú debes rechazarlo apenas veas que ataca tu mente. La única manera de hacerlo es conociendo la Palabra de Dios, y eso requiere estudiarla, permanecer en ella y meditarla regularmente.

La Palabra de Dios debe ser el centro de tu vida.

La Palabra de Dios debe ser el centro de nuestras vidas. Podemos ir a la iglesia y escuchar un sermón o ver a un maestro de la Biblia en la televisión, y esto es bueno. Pero la medida de la virtud y el conocimiento que obtendremos dependerá de la reflexión y el estudio que hagamos de la verdad que oímos (Marcos 4:24).

Comprométete a dejar que la Palabra de Dios forme parte de tu vida cada día de alguna manera. Puede ser leyéndola, escuchándola, mirándola o meditándola, pero si la Palabra es parte de cada día, estarás permaneciendo en ella y tendrás poder para derrotar al maligno.

Permíteme darte ejemplos de algunos versículos de las Escrituras que Satanás no quiere que conozcas:

Y el Dios de la paz aplastará muy pronto a Satanás bajo los pies de ustedes. La gracia de nuestro Señor Jesús sea con ustedes. Amén.

Romanos 16:20

El ladrón no viene más que para robar, matar y destruir; yo he venido para que tengan vida y la tengan en abundancia.

Juan 10:10

Así fue expulsado el gran dragón, aquella serpiente antigua que se llama Diablo y Satanás, que engaña al mundo entero. Junto con sus ángeles, fue arrojado a la tierra. Luego oí en el cielo un gran clamor: "Han llegado ya la salvación y el poder y el reino de nuestro Dios; ha llegado ya la autoridad de su Cristo. Porque ha sido expulsado el acusador de nuestros hermanos, el que los acusaba día y noche delante de nuestro Dios. Ellos lo han vencido por medio de la sangre del Cordero y por el mensaje del cual dieron testimonio; no valoraron tanto su vida como para evitar la muerte".

Apocalipsis 12:9-11

> Practiquen el dominio propio y manténganse alerta. Su enemigo, el diablo, ronda como león rugiente, buscando a quién devorar. Resístanlo, manteniéndose firmes en la fe, sabiendo que los creyentes en todo el mundo soportan la misma clase de sufrimientos.
>
> 1 Pedro 5:8-9

> Ustedes, queridos hijos, son de Dios y han vencido a esos falsos profetas, porque el que está en ustedes es más poderoso que el que está en el mundo.
>
> 1 Juan 4:4

> El que practica el pecado es del diablo, porque el diablo ha estado pecando desde el principio. El Hijo de Dios fue enviado precisamente para destruir las obras del diablo.
>
> 1 Juan 3:8

Estas escrituras y muchas otras como estas nos permiten saber que Dios nos ha dado la victoria sobre el diablo, pero tenemos que ejercer nuestra victoria dejándole saber al diablo que sabemos que él no tiene más poder que Jesús, quien vive en nosotros.

38

Nacemos de nuevo por la Palabra viva y duradera de Dios

Pues ustedes han nacido de nuevo,
no de simiente perecedera, sino de simiente imperecedera,
mediante la palabra de Dios que vive y permanece.
1 Pedro 1:23

Jesús es el Verbo hecho carne que vino a habitar entre nosotros, y es Él quien nos salva de nuestros pecados (Juan 1:14; 1 Juan 4:10). Como creyentes, nacemos de nuevo, lo que significa que nuestro espíritu es regenerado por el poder y la presencia de Dios. Se podría decir que cuando nacemos de nuevo, podemos empezar de nuevo. La Biblia dice que si alguien nace de nuevo, es una nueva criatura; las cosas viejas pasan, y todas las cosas son hechas nuevas (2 Corintios 5:17).

Piensa en lo maravilloso que es renacer por dentro al recibir a Jesús como nuestro Señor y Salvador. Hace poco escuché el testimonio de una mujer que creo que describe bien esto. Ella había sido abusada por la autoridad religiosa en su vida. Su madre murió cuando ella nació, y cuando tenía cuatro años, su padre pensó que sería bueno para ella tener una influencia femenina en su vida. La envió a vivir a un convento y a una escuela para niñas. Allí la golpeaban a menudo, abusaban sexualmente de ella, la encerraban en lugares oscuros, la hacían pasar hambre, le daban laxantes y la golpeaban si defecaba, y muchas otras cosas horribles. Creció odiando a Dios y a los cristianos. Se hizo adicta a la heroína y alcohólica. A pesar de eso, ganó mucho dinero, pero constantemente se sentía vacía por dentro. Se compraba todo lo que quería y estaba casada con un hombre al que amaba, pero seguía sintiéndose vacía. Finalmente, el vacío se hizo tan abrumador que clamó a Dios y Él la salvó. Ella y su marido llevan treinta y cinco años en una iglesia.

Dios es un Dios de restauración y regeneración. Hasta que nacemos de nuevo, nos sentimos vacíos. Sabemos que nos falta algo, pero no sabemos qué es. Todos tenemos un agujero en forma de Dios dentro de nosotros, y nada excepto Dios puede llenarlo. No puede ser llenado con fama, fortuna o posesiones. A menudo, las personas no aceptan a Cristo hasta que llegan al final de sí mismas y se dan cuenta de que todos sus esfuerzos por arreglar su infelicidad y su vacío no funcionan. Pueden tener la idea equivocada de que ser cristiano significa seguir reglas y no volver a divertirse, pero ese es un concepto totalmente erróneo.

Solo Dios puede llenar el agujero en forma de Dios que hay dentro de ti.

Convertirse en cristiano no significa afiliarse a una religión. Se trata de tener una relación íntima y personal con Dios a través de Jesucristo. Tu peor día con Jesús será mejor que tu mejor día sin Él.

La semilla imperecedera que tenemos en nosotros es Jesús. Dios vive en nosotros por su Espíritu, y nosotros somos su hogar (1 Corintios 3:16; Juan 14:23). Es asombroso darse cuenta de que Dios vive en nosotros. Nunca tenemos que buscarlo, porque Él está en nosotros. El misterio de los siglos es que Cristo en nosotros es la esperanza de gloria (Colosenses 1:27).

La misericordia de Dios se renueva cada mañana (Lamentaciones 3:22-23), así que, si necesitas un nuevo comienzo hoy, lo tienes a tu disposición. Todo lo que tienes que hacer es pedirlo.

La vida de Dios que está en ti es energizante y te ayudará a hacer todo lo que necesites hacer en la vida, pero necesitas confiar, apoyarte y depender de Dios. No tienes que luchar solo por la vida, porque Dios está en ti y contigo en todo momento. A medida que avanzas a través de la oración, se mantendrá la vida dentro de ti agitada y activa.

Piensa a menudo en la Palabra de Dios, porque está llena de vida y tiene la respuesta a todas tus preguntas.

39

La Palabra de Dios es una buena noticia y perdura para siempre

Después de que encarcelaron a Juan,
Jesús se fue a Galilea a anunciar las buenas noticias
de Dios. "Se ha cumplido el tiempo —decía—.
El reino de Dios está cerca. ¡Arrepiéntanse
y crean las buenas noticias!".
Marcos 1:14-15

La Palabra de Dios nunca envejece; siempre permanece fresca y poderosa. Nunca cambia. El mundo puede cambiar y la gente puede cambiar, pero la Palabra de Dios no. Podemos confiar en ella durante todas las estaciones de nuestra vida. Cuando esta tierra pase, la Palabra de nuestro Señor permanecerá. La Primera Carta de Pedro 1:25 dice: "'La palabra del Señor permanece para siempre'. Esta es la palabra que a ustedes les fue predicada".

La Palabra de Dios es más importante de lo que sé transmitirte. Está llena de vida y de luz; nos instruye, nos anima y nos corrige. Cuando creemos en la Palabra de Dios y hacemos lo que dice, disfrutamos de una buena vida. Así tendremos el favor de Dios y de otras personas, y las cosas que hagamos prosperarán y tendrán éxito.

Cuando creemos en la Palabra, nuestras vidas no están libres de problemas. Jesús dice que tendremos "tribulación y pruebas y angustia y frustración" mientras vivamos en este mundo, pero que debemos animarnos (o "tener buen ánimo") porque Él ha vencido al mundo (Juan 16:33). Aunque nos enfrentemos a problemas, la buena noticia es que Jesús siempre está con nosotros para ayudarnos a salir adelante y que, en última instancia, Él utilizará esas dificultades para nuestro bien (Romanos 8:28).

En el mundo, la mayoría de las noticias que oímos son malas. Oímos hablar de asesinatos, guerras, mentiras, engaños, adulterio, divorcios y todo tipo de cosas malas y perversas, pero el Evangelio de Jesucristo es una buena noticia. En él, aprendemos que Dios nos ama incondicionalmente y tiene un buen plan para nuestras vidas.

Todo en Dios es bueno. Todos hemos cometido errores en el pasado, pero la buena noticia es que podemos desprendernos de lo que queda atrás y mirar hacia lo que está por delante (Filipenses 3:13). Dios es bueno y su misericordia es eterna (Salmo 136:1).

Todo en Dios es bueno.

Las promesas de la Palabra de Dios se activan en nuestras vidas cuando las creemos. Hay miles de promesas en la Biblia, y todas son para ti si tan solo crees. Primero creemos y luego recibimos. Generalmente hay un período de espera entre creer y recibir, y creo que este es un tiempo de prueba para nuestra fe. Recibimos las promesas de Dios mediante la fe y la paciencia (Hebreos 6:12). Si has estado esperando mucho tiempo para ver cumplida una de las promesas de Dios en tu vida, te animo a que no te des por vencido, porque en el momento oportuno cosecharás: verás la respuesta a tus oraciones (Gálatas 6:9).

Pídele a Dios cosas grandes porque Él es un Dios grande.

Permíteme animarte a pedirle a Dios cosas buenas. Si la gente sabe dar buenos regalos a sus hijos, cuánto más Dios dará cosas buenas a quienes se lo pidan (Mateo 7:11). No tenemos porque no pedimos (Santiago 4:2), y Dios es capaz de hacer más de lo que podemos pedir, pensar o imaginar (Efesios 3:20). Así que pídele a Dios cosas grandes porque Él es un Dios grande. Prefiero pedirle a Dios mucho y obtener la mitad que pedirle poco y obtener todo.

En el Salmo 23:6, David dice que la bondad y la misericordia lo seguirán todos los días de su vida. Creo que podemos creer lo mismo de nosotros. Tal vez pienses: *Pero yo no merezco cosas buenas*. Y tienes razón, pero eso es lo que hace que sean tan buenas noticias. Dios es bueno con nosotros porque Él es bueno, no porque nosotros lo seamos.

40

La Palabra de Dios contiene un poder autocumplido

Porque, así como la tierra hace que broten los retoños
y el huerto hace que germinen las semillas,
así el Señor y Dios hará que broten la justicia
y la alabanza ante todas las naciones.

Isaías 61:11

Cuando un agricultor planta una semilla en la tierra, esa semilla contiene el poder de reproducir una planta igual que aquella de la que procede la semilla. La semilla tiene poder de autocumplimiento. Lo único que tiene que hacer el agricultor es regar la semilla y evitar que las malas hierbas le quiten la vida. La semilla hace el resto.

La Palabra de Dios funciona de la misma manera. Tiene poder de autocumplimiento, y cuando es plantada en nuestros corazones y la regamos con nuestra fe y mantenemos la cizaña (el pecado) fuera de nuestras vidas, vemos cosas asombrosas desarrollarse simplemente por creer en la Palabra de Dios.

La fe es asombrosa. Es "la certeza de lo que se espera, la convicción de lo que no se ve" (Hebreos 11:1 NBLA). Dios creó de la nada todo lo que vemos en el mundo y hará lo mismo por sus hijos que creen y confían en su Palabra.

Dios había prometido a Abraham y a Sara que tendrían un hijo de sus propios cuerpos. Naturalmente, esto era imposible porque Abraham tenía unos cien años y Sara ya no estaba en edad de procrear:

> Contra toda esperanza, Abraham creyó y esperó, y de este modo llegó a ser padre de muchas naciones,

> tal como se le había dicho: "¡Así de numerosa será tu descendencia!". Su fe no se debilitó, aunque reconocía que su cuerpo estaba como muerto, pues ya tenía unos cien años, y que también estaba muerta la matriz de Sara. Ante la promesa de Dios no dudó como un incrédulo, sino que se reafirmó en su fe y dio gloria a Dios, plenamente convencido de que Dios tenía poder para cumplir lo que había prometido.
>
> Romanos 4:18-21

Este pasaje de las Escrituras es asombroso. El mismo tipo de fe en la Palabra de Dios que hizo realidad la promesa de Abraham también hará realidad la nuestra. Observa que Abraham no tenía ninguna razón para esperar, pero esperó de todos modos. Recuerda: tener esperanza es esperar que te suceda algo bueno. Abraham no flaqueó en la fe, ni siquiera cuando consideró todas sus circunstancias, que hacían que el cumplimiento de la promesa pareciera imposible. Estaba plenamente seguro de que Dios cumpliría su Palabra.

Continúa en la fe, incluso cuando todo parezca estar en tu contra.

Cuando Abraham continuó creyendo en la Palabra de Dios, su poder autocumplido produjo lo que Dios había prometido. Debemos continuar en la fe aun cuando todo parezca estar en nuestra contra. No hay circunstancia que pueda impedir que Dios haga lo que promete hacer. Si Dios está con nosotros, ¿quién puede estar contra nosotros?

Cuando ponemos una semilla de tomate en la tierra, obtendremos tomates, y del mismo modo, cuando ponemos nuestra fe en la Palabra de Dios, obtendremos lo que promete.

Conclusión

Rezo para que este libro te haya ayudado y para que vuelvas a él a menudo cuando necesites fortalecer tu fe o saber qué hacer en determinadas situaciones. La vida está llena de preguntas y problemas, pero Dios nos ha dado su Palabra para ayudarnos a afrontar cada incertidumbre y para guiarnos en la victoria a través de cada dificultad.

Dios te creó para ser un vencedor.

Dios nos ha creado para ser vencedores en esta vida. Su Palabra nos dice en Romanos 8:37 que somos más que vencedores por medio de Cristo, que nos ama. Tú eres la cabeza y no la cola, según

Deuteronomio 28:13. Dios quiere que tengamos éxito, y su Palabra dice que todo lo que hagamos prosperará (Salmo 1:3). Comienza a pensar en ti mismo como un vencedor, como alguien que es un ganador y no un perdedor. Mírate a ti mismo como Dios te ve, y tu vida cambiará poco a poco.

Muchas veces, cuando las personas están ocupadas, tratan de encontrar tiempo para hacer todo reduciendo el tiempo que pasan en la Palabra de Dios o saltándose su tiempo con Él por completo. A menudo piensan: *Dios entiende lo ocupado que estoy. Me perdonará por no leer la Biblia hoy.* Por supuesto, Dios entiende lo ocupada que puede ser la vida, y Él siempre perdona. Pero ese no es el punto. El punto es que nos lastimamos a nosotros mismos cuando no hacemos de la Palabra de Dios una prioridad en nuestras vidas.

Permíteme animarte a buscar la sabiduría y la dirección que necesitas en la Palabra de Dios antes de buscarla en cualquier otro lugar. Otras fuentes carecen del poder transformador y vivificador de su Palabra. Recuerda que Dios no garantiza ni promete cumplir nada que no sea su Palabra (Jeremías 1:12).

La Palabra de Dios es la mejor y más fiable guía para la vida. Nunca te fallará. Al leerla, estudiarla, meditar en ella y obedecerla, encontrarás esperanza para cada situación, respuestas para cada pregunta y poder vencedor para cada problema.

¿Tienes una relación real con Jesús?

Dios te ama. Él te creó para que fueras un individuo único, especial, y sin réplica alguna, y tiene un propósito y un plan específicos para tu vida. Y a través de una relación personal con tu Creador (Dios) puedes descubrir una forma de vida que realmente satisfaga tu alma.

No importa quién seas, lo que hayas hecho o dónde te encuentres en tu vida ahora mismo. El amor y la gracia de Dios son mayores que tus pecados y tus errores. Jesús voluntariamente dio su vida para que puedas recibir el perdón de Dios y tener una nueva vida en Él. Él solo está esperando a que lo invites a ser tu Salvador y Señor.

Si estás listo para entregar tu vida a Jesús y seguirlo, todo lo que tienes que hacer es pedirle que perdone tus pecados y te dé un nuevo comienzo en la vida que estás destinado a vivir. Comienza rezando esta oración:

Señor Jesús, gracias por dar tu vida por mí
y por perdonar mis pecados para que pueda tener
una relación personal contigo. Lamento sinceramente
los errores que he cometido y sé que necesito
que me ayudes a vivir bien.

Tu Palabra dice en Romanos 10:9:
"Si confiesas con tu boca que Jesús es el Señor y crees en tu corazón que Dios lo levantó de entre los muertos, serás salvo". Yo creo que Tú eres el Hijo de Dios y te confieso como mi Salvador y Señor. Tómame tal como soy, y obra en mi corazón, haciendo de mí la persona que Tú quieres que sea. Quiero vivir para Ti, Jesús, y agradezco que me des un nuevo comienzo en mi nueva vida contigo hoy.
¡Te amo, Jesús!

Es increíble saber que Dios nos ama así. Él quiere tener una relación profunda e íntima con nosotros que crezca cada día mientras pasamos tiempo con Él en oración y en el estudio de la Biblia. Y queremos animarte en tu nueva vida en Cristo.

Visita joycemeyer.org/salvation para solicitar el libro de Joyce *Una nueva forma de vida*, que es nuestro regalo para ti. También tenemos otros recursos gratuitos en línea para ayudarte a progresar en la búsqueda de todo lo que Dios te tiene reservado.

¡Enhorabuena por el nuevo comienzo de tu vida en Cristo! Esperamos tener noticias tuyas pronto.

Sobre la autora

JOYCE MEYER es una de las principales maestras prácticas de la Biblia y una de las autoras más vendidas del *New York Times*. Los libros de Joyce han ayudado a millones de personas a encontrar esperanza y restauración a través de Jesucristo. El programa de Joyce, *Disfrutar de la vida cotidiana*, se emite por televisión, radio y en línea a millones de personas en todo el mundo en más de cien idiomas.

A través de los Ministerios Joyce Meyer, Joyce enseña a nivel internacional una serie de temas con un enfoque particular sobre cómo la Palabra de Dios se aplica a nuestra vida cotidiana. Su cándido estilo de comunicación le permite compartir abiertamente y de forma práctica sus experiencias para que otros puedan aplicar a sus vidas lo que ella ha aprendido.

Joyce es autora de más de ciento cuarenta libros, que han sido traducidos a más de ciento sesenta idiomas y de los que se han distribuido más de treinta y nueve millones en todo el mundo. Entre sus libros más vendidos figuran *Power Thoughts*; *The Confident Woman*; *Look Great, Feel Great*; *Starting Your Day Right*; *Ending Your Day Right*; *Approval Addiction*; *How to Hear from God*; *Beauty for Ashes*; y *Battlefield of the Mind*.

La pasión de Joyce por ayudar a las personas que sufren es la base de la visión de *Hand of Hope*, la rama misionera de *Joyce Meyer Ministries*. Cada año, *Hand of Hope* proporciona millones de comidas a personas hambrientas y malnutridas, instala pozos de agua dulce en zonas pobres y remotas, presta ayuda crítica tras catástrofes naturales y ofrece atención médica y dental gratuita a miles de personas a través de sus hospitales y clínicas en todo el mundo. A través del Proyecto GRL, mujeres y niños son rescatados de la trata de seres humanos y se les proporciona un lugar seguro donde recibir educación, comida nutritiva y el amor de Dios.

MINISTERIOS JOYCE MEYER

DIRECCIONES DE LAS OFICINAS
EN ESTADOS UNIDOS Y OTROS PAÍSES

Ministerios de Joyce Meyer
P.O. Box 655 Fenton, MO 63026
Estados Unidos
(636) 349-0303

Ministerios de Joyce Meyer – Canadá
P.O. Box 7700
Vancouver, BC V6B 4E2
Canadá
(800) 868-1002

Ministerios de Joyce Meyer – Australia
Locked Bag 77
Mansfield Delivery Centre Queensland 4122
Australia
(07) 3349 1200

Ministerios de Joyce Meyer – Inglaterra

P.O. Box 1549

Windsor SL4 1GT

Inglaterra

01753 831102

Ministerios de Joyce Meyer – Sudáfrica

P.O. Box 5

Ciudad del Cabo 8000

Sudáfrica

(27) 21-701-1056

Ministerios de Joyce Meyer – Francofonía

29 avenue Maurice Chevalier

77330 Ozoir la Ferriere

Francia

Ministerios de Joyce Meyer – Alemania

Postfach 761001

22060 Hamburgo

Alemania

+49 (0)40 / 88 88 4 11 11

Ministerios de Joyce Meyer – Holanda
Lorenzlaan 14
7002 HB Doetinchem
Holanda
+31 657 555 9789

Ministerios de Joyce Meyer – Rusia
P.O. Box 789
Moscú 101000
Rusia
+7 (495) 727-14-68

Otros libros de Joyce Meyer

Auténtica y única

Belleza en lugar de cenizas

Buena salud, buena vida

Cambia tus palabras, cambia tu vida

El campo de batalla de la mente

Cómo envejecer sin avejentarse

Cómo formar buenos hábitos y romper malos hábitos

La conexión de la mente

Dios no está enojado contigo

La dosis de aprobación

Efesios: Comentario bíblico

Empezando tu día bien

Hágalo con miedo

Hazte un favor a ti mismo… perdona

Madre segura de sí misma

Momentos de quietud con Dios

Mujer segura de sí misma

No se afane por nada

Pensamientos de poder

Sanidad para el alma de una mujer

Sanidad para el alma de una mujer. Devocionario

Santiago: Comentario bíblico

Sobrecarga

Sus batallas son del Señor

Termina bien tu día

Tienes que atreverte

Usted puede comenzar de nuevo

Viva amando su vida

Viva valientemente

Vive por encima de tus sentimientos